Alfred Adler
Kindererziehung

[奥] 阿尔弗雷德·阿德勒　著

阎少华　译

阿德勒
儿童教育心理学

人民卫生出版社
·北京·

图书在版编目（CIP）数据

阿德勒儿童教育心理学 /（奥）阿尔弗雷德·阿德勒
(Alfred Adler) 著；阎少华译 . —北京：人民卫生出
版社，2023.1
ISBN 978-7-117-33939-1

Ⅰ.①阿…　Ⅱ.①阿…②阎…　Ⅲ.①儿童心理学 –
教育心理学　Ⅳ.①G44

中国版本图书馆 CIP 数据核字（2022）第 203260 号

阿德勒儿童教育心理学
Adele Ertong Jiaoyu Xinlixue

策划编辑	周　宁	责任编辑	周　宁	书籍设计	尹　岩

译　　者　　阎少华
出版发行　　人民卫生出版社（中继线 010-59780011）
地　　址　　北京市朝阳区潘家园南里 19 号
邮　　编　　100021
印　　刷　　北京盛通印刷股份有限公司
经　　销　　新华书店
开　　本　　710×1000　1/16　　印张：15
字　　数　　173 千字
版　　次　　2023 年 1 月第 1 版
印　　次　　2023 年 1 月第 1 次印刷
标准书号　　ISBN 978-7-117-33939-1
定　　价　　59.00 元

E – mail　　pmph @ pmph.com
购书热线　　010-59787592　010-59787584　010-65264830

打击盗版举报电话　010-59787491　　E-mail　WQ @ pmph.com
质量问题联系电话　010-59787234　　E-mail　zhiliang @ pmph.com
数字融合服务电话　4001118166　　　E-mail　zengzhi @ pmph.com

关于本书

本书初版于 1930 年，探讨的是儿童教育。阿德勒认为，从心理学角度来看，儿童教育的难点与成年人的一样，都在于自我认知和理性的自我指导。然而，两者不同的是，由于儿童还不成熟，因此其教育需要有人指导，这点极为重要。实际上，即使成年人的教育也不是完全不需要别人的指导。本书开篇整体介绍个体心理学的主要观点，其余各章深入讨论儿童教育的各方面问题，这些问题都是相互关联的。

本书作者简介

阿尔弗雷德·阿德勒（Alfred Adler，1870—1937），奥地利人，内科医生和精神病学家，以创立个体心理学派而闻名于世。

阿德勒最初与西格蒙德·弗洛伊德（Sigmund Freud，1856—1939）共同创立了精神分析学派，二人是同事也是同道。他本人是维也纳精神分析学会的创始成员并曾担任会长。阿德勒的研究专注于把每个个体都看作是一个整体，这也是他把自己的理论体系称为个体心理学的原因。其对世界产生深刻影响的思想观点是自卑感和自卑情结在人格的形成中发挥最主要的作用。

虽然阿德勒最终与弗洛伊德及精神分析学派分道扬镳，但他的思想和研究仍对精神疗法的发展产生着巨大的影响。阿德勒的思想还影响了许多其他伟大的思想家和心理学家，包括亚伯拉罕·马斯洛（Abraham Maslow，1908—1970）和阿尔伯特·埃利斯（Albert Ellis，1913—2007）等。

本书内容简介

阿德勒认为，从心理学角度来看，儿童教育的难点与成年人的一样，都在于自我认知和理性的自我指导。然而，两者不同的是，由于儿童还不成熟，因此其教育需要有人指导。

　　阿德勒紧紧围绕"人格整体性"这一纲领，从儿童的自卑感和自卑情结入手，逐步深入分析儿童在为了补偿自卑感而不断追求优越的过程中的各种具体行为表现。从儿童的家庭境况到学校生活，从老师的问题到父母的错误，从避免自卑情结到培养社会情感，以娓娓道来的方式为我们全方位展示了儿童在成长过程中可能遭遇的种种困难处境和心理状况。

　　本书既有心理学理论上的严谨探讨，又有典型问题儿童案例的精彩点评与分析。通过本书，可以使我们成年人对儿童心理有一个基本的了解，以便具有对儿童的培养和教育给予理性指导的初步资格。

目录

第一章

引　言

从心理学的观点来看，教育这一难题，就成年人而言，归根结底在于自我认知和理性的自我指导。就儿童而言，这一难题虽然也可以用同样的方式处理，但两者之间还是有区别的，区别就在于儿童的教育需要有人指导，这一点至关重要。因为儿童还未发育成熟，所以离不开成年人的指导。实际上，即使成年人的教育也不是完全不需要别人指导的。假如能如我们所希望的那样，我们就可以让儿童都自主地成长；假如能给儿童数万年的时间与一个有益的环境，让其慢慢成长，那么他们终究会达到成年人的文明水平。但很显然，这种想法不切实际。因此，就需要我们成年人必须重视对儿童的指导，以帮助他们成长。

这方面最大的困难就是无知。要让一个成年人了解自己，了解自己情感的前因后果，了解自己心中的爱恨由来，简而言之，让一个成年人了解自己的心理状况，都已非常困难，要是再让他去了解儿童，并在适当的知识基础之上对儿童的成长加以指导，则更是难上加难了。

个体心理学特别关注儿童心理，这不仅仅是因为儿童心理本身就很重要，还因为研究儿童心理也会给研究成年人的人格特质和行为模式带来启发。与其他心理学派的研究方法不同，个体心理学的理论密切联系实践，绝无脱节。个体心理学紧紧抓住人格整体性这一纲领，研究人格在自我养成与自我表达的过程中那种不懈的追求与努力。从这个角度来说，个体心理学的科学知识就是实用的学问，因为它们都来源于对各种错误的总结和认知。因此，不论是心理学家、父母、朋友还是个体本人，如果掌握了这些知识，就都可以马上付诸实践，用于指导他所关心的那些人格问题。

个体心理学的研究方法独具一格，其学说连贯一致，构成了一个有机整体。个体心理学认为，个体的行为是在人格整体性的驱动和引领下产生的，因此无论个体心理学怎么看待人类行为，其所反映的都是同一种相互关系，而这种相互关系就体现在人的心理活动之中。本书第一章将从总体上介绍个体心理学的主要观点，而后面各章则会对本章所提出的各种相互关联的问题展开详尽的论述。

在人类的成长过程中有一个基本事实，那就是人类在心理上永远存在着一种不懈的努力和追求，而且这种努力和追求的目标性非常明确。一个儿童从襁褓时起，就开始了一个持续不断的、努力成长的过程，而这种努力紧紧围绕着一个目标，一个无意识中形成的、但又无时不在的目标，那就是追求伟大，追求完美，追求优越。这种努力和追求，这种目标明确的行为，反映的当然是人类所特有的思考能力和想象能力。这种努力和追求，支配着我们一生中的所有具体行为，它甚至还支配着我们的思想，因为我们都不是在客观地思考问题，而是按照自己过往经历所形成的那种生活目标和生活风格在思考问题。

人格的整体性隐含在每一个人的存在之中。每一个个体都代表着其人格的整体性，同时也代表着其塑造该整体性的个体风格。换句话说，一个人既是一幅图画，同时也是这幅图画的画家。既然每个人都是他自己人格的画家，而作为一个画家，那么他就既不可能是一个完美无缺的匠人，也不可能是一个对自己的灵魂和身体都能彻底了解的人，而注定只能是一个不够强大、极易犯错、不够完美的人类。

在考虑人格的建构时，我们需要留意的一个首要问题，就是人格的整体性、人格的独特风格和人格的独特目标，所有这些都不是建立在客观事实的基础之上的，而是建立在个体对生活事实的主观看法之上的。观念，即对事实的一种主观看法，从来都不是事实本身。正因为如此，生活在同一事实世界中的人类，对自己的塑造也会大不相同。每个人都是在按照各自对事物的看法塑造着自己，只不过有些看法更合理，而有些看法则不那么合理。我们必须总要预料到人类成长过程中的这些个体性的错误和不足，我们尤其必须要预料到在幼年时期所形成的对客观事实的一些错误看法，因为这些错误看法将支配我们的余生。

我们来看一个临床案例，这个案例给我们展示了这些错误看法的具体情形。这是一位 52 岁的女性，她总是贬低比她年长的其他女性。她说当她还是个小孩子的时候，就总是觉得自己受到了羞辱，被人轻视，因为她有一个姐姐，姐姐抢走了所有人的关注，没人关注她。从个体心理学的所谓"纵向"的观点，即联系的观点来看这个案例，我们可以看出，无论是在她生命的一开始还是直到现在，也就是说在她生命已快要接近终点的时候，这位女士都有着一个相同的心理机制，或者说相同的心理动力学，那就是，首先她总是害怕被别人看不起；其次如果看到别人更受欢迎或得到更多关爱，她就会感到愤怒和生气。即使我们对这位女士的生活一无所知，或者对她本人的整体人格也一无所知，但我们也完全可以根据上述两点事实加以想象，就能补全对她的认知空白，从而对她有所了解。在这方面，心理学家的行为就像小说家一样。小说家必须按照一种清晰的行动方式、生活风格或者说行为模式来塑造一个人物，并且还须确保其所塑造的人物的整体人格能保持一致，让人能从头到尾感觉到那是同一个人。同样，一个优秀的心理学家也应该能够预测这位女士在具体处境下的具体行为，并能清楚地描述出她的人格中与其"生活风格"相符的那些特质。

个体人格的建构取决于其不断地追求和努力，或者说取决于其目的明确的行为，而这点又以另一个重要的心理事实为前提，即人的自卑感。儿童都有一种与生俱来的自卑感，这种心理上的自卑感会激发他们的想象力，并刺激他们努力改善个人的处境以消除这种自卑感。一个人处境的改善确实会减少其自卑感。从心理学的观点来看，通过改善个人处境减少自卑感可以被视为一种补偿。

需要注意的是，关于自卑感和心理补偿机制，其中关键一点就是，其出错的可能性非常之大。一方面，自卑感可以激发出符合客观事实的行为结果；但另一方面，自卑感也可能导致单纯的心理调适，而单纯的心理调适只会加剧个体与客观现实的脱离。再或者，由于自卑感可能过于强烈，以至于克服它的唯一途径只能是发展出心理补偿特质，但心理补偿特质最终可能根本无法克服自卑感，只是沦为了心理上的必需品和依赖品。

发展出明显的心理补偿特质的儿童可以分为三种类型：先天身体虚弱或有器官缺陷的儿童、家教严苛而缺少关爱的儿童，以及被过分溺爱和娇惯的儿童。

我们就以这三类儿童为例来说明三种基本情形，并通过这三种情形，来研究和理解那些更为正常的儿童的成长情况。并不是每个儿童生来就是跛足，但令人惊讶的是，怎么会有那么多正常儿童也会在不同程度上，表现出某些身体有缺陷的或者器官比较虚弱的儿童才会有的那些心理特质。要了解这些心理特质的典型表现，可以研究其中的一种极端情况即跛足儿童。剩下另外两类儿童，即家教严苛的和被过分溺爱的，实际上所有儿童在不同程度上都可以归为这两种类型其中的一种，或者甚至可以同时归为这两种类型。

所有以上三种基本情形都会让人产生不满足感和自卑感，从而会使人做出反应，产生一种超越人类自身能力的雄心。自卑感和追求优越始终是人生之中同一基本事实的两个不同侧面，因此这二者不可分离。从病理学的观点来说，很难分清什么情况是过度的自卑感，什么情况是过度追求优越。大体上来说，二者总是有节奏地交替出现，其中过度追求优越的害处最大。具体到儿童身上，我们发现，由过度自卑感引发的过度的雄心就像灵魂的毒药，使儿童永远都不满足。这种不满足不会带来任何有益的行为，因为这种不满足是被过度的雄心所滋养膨大的，所以其结果也注定总是徒劳的。这种过度的雄心会扭曲并体现在儿童的性格特质和言谈举止上，它不停地刺激着儿童，使其极度敏感，时时提防自己被伤害或被欺负。

这种情形发展到成人以后，其个体能力仍将处于休眠状态，也就是我们所说的"神经兮兮"或古怪的人，这类案例在《个体心理学年鉴》里比比皆是。这类人如果走向极端，就会不负责任乃至走向犯罪，因为他们只考虑自己而不考虑他人。他们的自我中心主义，无论在道德上还是在心理上都已经变得绝对化。我们发现，他们中的一些人逃避现实，罔顾客观事实，为自己构建了另一个世界。通过做白日梦拥抱想象出来的宛如现实的幻象，仿佛那就是现实，他们最终成功地创造出了心理上的安宁。他们实现了心灵与现实的和谐，只不过这个现实是想象构建出来的。

在儿童的成长过程中，有一个最能说明问题的判断准则，需要心理学家和父母引起关注，那就是儿童或个体所表现出来的社会情感程度。社会情感是儿童正常成长的关键和决定性因素。任何导致社会情感或集体情感减少的干扰因素，都是对儿童心理发育的极大伤害。社会情感是儿童成长正常程度的晴雨表。

个体心理学正是围绕社会情感这一原则形成了其教育方法。父母或监护人一定不能让儿童与他人的联系仅仅局限在一个人的身上，否则儿童将很难或无法为未来的生活做好充分准备。

了解儿童社会情感程度的一个好方法，就是观察其入学时的表现。入学，是儿童一生中最先面临的一个最严峻的考验。学校对儿童来说是一个全新的处境，因此儿童入学时的表现可以反映出他们是否准备好应对新处境，尤其是是否已准备好与陌生人打交道。

正是由于人们普遍缺乏如何让儿童做好入学准备的知识，才会有那么多成年人在回首他们的学校岁月时觉得那是一场噩梦。当然，如果学校管理得法，往往也能弥补儿童早期教育中的一些不足。理想的学校应该充当家庭和广阔现实世界之间的调解员，学校不应该仅仅是一个传授书本知识的地方，还应该是一个传授有关生活的知识与艺术的地方。不过，在等待理想学校出现以补救家庭教育不足的同时，我们也可以先来找找父母在儿童教育上有哪些错误。

要分析家庭教育中的那些错误，学校刚好可以作为一面镜子。正因为学校的环境还不是那么理想和完善，学校可以映射出家庭教育中的问题。没有学过如何与人打交道的儿童在上学时会感到孤独，并因此被认为有些怪异。而最初的轻微怪异倾向也会随着时间的推移而变得越来越明显，正常发育受到阻碍，最后令其成为行为有问题的儿童。出现这种情况，人们往往会指责学校，殊不知，学校只是映射出了家庭教育中隐藏的那些错误。

行为问题儿童究竟能不能在学校里取得一些进步，一直是个体心理学所面临的一个悬而未决的问题。我们能够证明，当一个孩子开始在学校表现不佳时，即为一个危险的征兆。这个征兆并不是指学习上的失败，更多是指心理上的挫折，这意味着儿童已经开始对自己失去信心。当挫折感出现，儿童开始回避有益的途径和正常的任务，他总想寻找另一条出路，一条通往自由和轻松成功的捷径。他选择了一条个人主观的道路，而不是社会为其划定的道路，因为在这条道路上可以获得一种优越感，以此来补偿自己的自卑感。他选择的这条路径是实现心理成功的捷径，这个捷径也总是吸引着那些失掉勇气的人。抛弃社会责任和道德责任，违反法律，要比遵循既定的社会路径更容易凸显自己，更容易给自己创造一种征服者的感觉。但是，无论其外在的行为表现有多么的大胆和勇敢，这条通往优越的捷径底下总是潜藏着怯懦和无力。这种人总是会去做一些保准成功不会失败的事情，从而炫耀自己的优越。

正如我们观察到的那样，罪犯尽管表面上鲁莽勇敢，实际上却是懦弱的。因此，我们可以看到，在不太危险的情况下，儿童们是如何通过种种微小的迹象暴露出他们的软弱和无力感的。我们经常会看到有些儿童（就此而言，成年人也一样）站不直，总是习惯于倚靠在某个物体上。以前那些训练儿童的老办法以及解释这些迹象的旧说辞，针对的都是表面症状，而不是背后的根源，可谓治标不治本。人们总是会对这样的儿童说："站直了！别老是倚靠着东西。"实际上，这里的关键点不在于儿童倚靠不倚靠东西，而在于他总是感到需要别人的支持和帮助。人们可以很容易地通过惩罚或奖励来说服儿童放弃表现这种无力感，但儿童对支持和帮助的渴望并没有因此得到缓解，病根依然存在。能够看懂这些表面症状，并且能用同情和理解去根除背后隐藏的病根的，才是一个好的教育者。

从某个单一迹象，人们经常可以推断出儿童的其他诸多品质或性格特质。例如，如果一个儿童特别喜欢倚靠着一些物体，我们马上就能知道，他有焦虑和依赖等性格特质。将其与我们熟悉的类似案例进行比较，我们就可以重现他的人格，简言之，可得知他属于被娇惯宠坏了的那一类儿童。

现在我们来看另外一类儿童的性格特征，即那些缺少关爱的儿童。通过研究很多人类历史上十恶不赦之徒的生平，我们可以观察到这类儿童性格的一种最极端的表现形式。他们的生活经历都有一个明显的共同点，就是在小的时候都受到过虐待，因而养成了冷酷的性格，心中充满嫉妒和怨恨，见不得别人开心快乐。而且，不仅恶人们会有这种嫉恨心理，很多本该正常的人也会有这种心态。这类人在负责照管儿童的时候会愤恨不平，认为现在的儿童不应该比他们自己小时候更快乐。我们发现，不但有些监护人对由他们照管的别人家的孩子会有这种想法，就连有些父母对他们自己的亲生孩子也会有这种想法。

然而，这种观点，这种想法，并非都出于人们的恶意，它不过反映了那些在自己成长过程中受到过粗暴对待的人们的心态而已。这类人可以张嘴就说出各种正当理由和格言，比如孩子不打不成器之类的话。他们还会拿出无数的证据和例子，但这些都无法令我们信服，因为僵硬的、蛮横的教育方式，其结果必然是徒劳的。事实表明，这样做的结果只有一个，那就是使儿童与其教育者的关系疏远。

通过探察各种问题的表征并将它们相互关联起来，再经过一些实践检验，心理学家就可以构建出一个体系，并借助这个体系揭示一个人隐秘的心理活动。利用这个体系考察的每一个点都反映了被考察者完整人格的某一个面，只有当我们在所有考察点上都看到了相同的适应证时，才可以放心地确认我们的判断。因此，个体心理学既是一门科学，更是一门艺术。需要特别强调的是，不应以一种呆板的、机械的方式，将个体心理学的理论框架和概念体系强加给被考察的个体。所有研究工作中，最重要的就是对个体的研究，我们坚决不能仅凭一两种表现形式就牵强附会得出结论，而是必须寻找一切可能的支持证据。只有当我们能够成功地印证最初的假设，能够在一个人的其他行为方面也找到相同的表现，比如固执和气馁时，才能确切地说，这种固执和气馁的特质已经渗透进此人的整个人格之中。

在这方面，我们必须记住，我们的考察对象并不了解他们自己的表现形式，因此也就无法隐藏他们的真实自我。我们通过分析个体的行为来认识其人格，其人格并不是通过其所说的话或者对自己的看法展示出来的，而是通过其在特定环境中的具体行为被推理演绎出来的。这并非患者（考察对象）故意要对我们撒谎，而是我们已经认识到，在人的有意识的想法和无意识的动机之间存在着一个巨大鸿沟。这个鸿沟最好能由一位公正且富有同情心的局外人来填补。无论这个局外人是心理学家、父母还是老师，都应该学会在客观事实的基础上来理解人格，并把这些客观事实看作是个体的一种有目的的、但在一定程度上是无意识的追求的表现。

因此，一个个体对个人生活和社会生活三大基本问题的态度，比什么都能揭示其真实自我。第一个基本问题就是社会关系，我们已在个体对现实的主观看法和客观看法的对比中讨论过这个问题。但是社会关系也可以表现为一种特定的任务，即交友和与人相处的任务。个体如何面对这个问题，他的答案是什么？如果一个人认为交友和社会关系的问题与其毫不相干，并以为这样就能回避问题，那么漠不关心就会是他的答案。当然，我们可以由此总结出此人的人格方向和人格结构。此外，还必须指出的是，社会关系并不仅仅局限于实际结交的朋友和遇见的人，所有像友谊、真诚和忠诚等抽象品质也都与社会关系有关。一个人对社会关系问题给出的答案，也反映着他对这些抽象概念的认知。

第二个基本问题是一个人打算如何度过他的一生，即他想在社会的一般劳动分工中扮演什么角色，也就是说，他想从事什么职业。如果说社会关系问题不止由一个自我的存在所决定，而是由"我与你"的关系所决定，那么我们可以说，这第二个基本问题是由"人类与地球"这一根本关系所决定的。如果能够把整个人类缩小成为一个人，那么这个人就和地球有了相互关系。"他想从地球得到什么？"和第一个基本问题一样，职业问题的解决也不是单方面或者个人的，而是人与地球之间的问题。这是一种双边的关系，在这种关系中，人不能为所欲为。成功不是由个人意志决定的，而取决于客观现实。因此，一个人对职业问题的回答，以及他回答此问题的方式，都清晰地揭示了他的人格以及他对生活的态度。

第三个基本问题来源于人类分为男女两性这一事实。这个问题的解决同样也不是一个个人或主观的事情，而必须根据两性关系的内在客观逻辑来解决。"我应该如何与异性相处？"这种典型的主观概念往往又是一个错误的概念。只有仔细考虑了围绕两性关系的所有问题，才能找到正确的解决办法。因此可以说，每一次对爱情和婚姻问题的处理不当都意味着一个错误，一个人格上的偏差。而且，对于许多两性关系问题的错误解决方法带来的有害后果，也可以用其背后的人格偏差来解释。

因此，我们可以从一个人回答这三大基本问题的方式中了解其总体的生活风格和具体目标。目标决定一切。目标决定着一个人的生活风格，并反映在他的每一次行动之中。因此，如果一个人的目标是努力成为社会整体中的一员，指向对生活有益的一面，那么其解决所有问题时采用的方法都将打上这个目标的印记，所有解决问题的方法都会是建设性的、有益的，而这些建设性的、有益的活动会令其有幸福感、价值感和力量感。反之，如果个体将目标指向了相反方向，指向了自私的、无益的一面，那么他就会发现自己无法解决这三大基本问题，也无法获得真正解决问题之后的愉悦。

三大基本问题之间存在着密切的关联。在社会生活中，这三大基本问题会派生出若干具体任务，而这些任务只有在社会环境或群体环境中才能顺利完成，也就是说，完成这些任务需要以社会情感为基础，且这些具体任务使三大基本问题之间的关联性变得更加紧密。这些任务从孩提时代就开始了，从那时起，在看、说和听的过程中，在与兄弟、姐妹、父母、亲戚、熟人、朋友和老师的相处关系中，我们的各个感觉器官都随着所受到的社会生活的刺激而发生着变化。这些任务还将以同样的方式贯穿人的一生，因此，如果个体失去了与群体之间的社会联系，就会迷失方向。

因此，个体心理学认为，对社会有益的事就是"正确"的事，这种说法的理由是充分的，是站得住脚的。个体心理学认识到，任何背离社会准则的行为都是对"正确"的侵犯，都与现实世界的客观规律和客观必要相冲突。这种与客观世界的冲突，首先体现在冒犯者的那种无价值感之中，其次更强烈地体现在被冒犯者的报复之中。最后，我们可以说，对社会准则的背离违背了我们每个人所秉持的一种固有的社会理想。这种理想，有意识或无意识地，存在于每个人心中。

　　由于个体心理学极其强调，社会情感的高低可以测试出一个人的成长状况，因此它很容易解读和评估任何一个儿童的生活风格。这就好比参加一场考试，儿童一旦面对生活中的困难和问题，就会暴露出他是否已经"正确"地做好了准备。换句话说，儿童会表现出是否具有社会情感，是否具有勇气和理解能力，以及在大体上是否拥有一个有益的生活目标。接下来，我们就要尝试找出儿童向上努力奋斗的方式和节奏、自卑感的程度、社会意识的强度。所有这些因素都是互相紧密关联并且互相渗透的，因而形成了一个有机的、不可分割的整体。这个整体是牢不可破的，直到其中的建构缺陷被发现，然后修正缺陷重新构建，最后形成一个新的整体。

第二章

人格的整体性

儿童的精神生活是很奇妙的，它的每一点都令人着迷。或许其中最重要的一个事实就是，要想理解某一个儿童的某个具体行为，必须首先了解这个儿童生活画卷的全貌。儿童的每一个具体行为，似乎都在体现着其全部的生活和人格，因此如果不了解其无形的生活背景，就无法理解其具体行为。我们称这种现象为人格的整体性。

人格整体性的养成过程就是个体的行为与人格的表达协调统一，并形成一致化模式的过程，这一过程从很小的时候就开始了。生活的要求迫使儿童对所在处境做出一致化的反应，而这种对各种处境反应的一致性，不仅构成了儿童的人格，而且也使其每一个行为都带上了个人风格，从而有别于其他儿童的类似行为。

人格整体性这一事实，往往被大多数的心理学流派所忽视，或者说，即使没有被完全忽视，但至少也没有得到应有的重视。因此，我们经常看到，不论是心理学理论还是精神治疗实践，往往都会把被考察者的某个特定举动或某个具体表现单独拎出来进行考量，就好像它是一个独立的存在似的。有时候，我们把这种表征（特定举动或具体表现）称为情结（complex），而且还假定能够把一个情结与个体的其他行为剥离开来。但是，这种做法就好比从整个音乐旋律中单独拎出一个音符，并试图去理解这一单独音符的意义，而无视组成整体旋律的其他音符。这种做法是错误的，但令人遗憾的是，这种错误却是普遍存在的。

个体心理学研究方法的独特本质决定了它必须站在与上述这种普遍存在的错误看法相反的立场上。这种普遍的错误看法若被应用于儿童教育，则尤其有害。我们来看一下这种普遍错误看法在儿童教育的惩罚理论之中的表现。如果一个儿童做了错事需要被惩罚，人们通常都是怎么做的呢？没错，在某种意义上来说，人们往往确实会考虑到对这个儿童人格的总体印象，但在很多情况下，这样对儿童来说却往往是弊大于利的，这是因为如果一个儿童经常重复犯同样的错误，那么老师或父母就容易基于总体印象而对其产生偏见，认为其一贯如此，不可救药了。反过来，如果一个儿童平时的行为表现一直都不错，那么基于对这个儿童的总体印象，人们往往会对其偶尔的犯错也就比较宽容，不那么苛责了。以上这两种处理方式都没有触及问题的真正根源，都没有做到像我们应该做的那样，即在全面理解儿童人格整体性的基础上去考虑问题。我们还是在试图去解读从整个旋律中剥离出来的某几个单独音符的意义。

当我们问一个孩子他为什么偷懒时，我们不能期望他自己知道这背后的根本缘由，当然这些根本缘由我们教育者必须掌握。同样地，我们也不能指望他自己告诉我们他为什么要撒谎。千百年来，对人性有着无比深刻洞察的哲学家苏格拉底的那句名言一直在我们的耳边回响："认识自己是多么困难啊！"那么我们又有什么权利去要求一个儿童回答如此复杂的问题，而这个问题即使是心理学家也难以回答呢？要理解某个具体表现的意义，就必须有一个理解整体人格的方法。这并不是说要记录下来一个儿童做了什么以及怎样做的，而是要考察儿童面对各种任务时所表现出来的态度。

下面的例子表明，了解一个孩子的整个生活背景是多么地重要。这是一个 13 岁的男孩，他是长子，还有一个妹妹。5 岁前，他一直是家里唯一的孩子，并度过了一段美好的时光，直到妹妹出生。妹妹出生前，他身边的每一个人都非常乐意满足他的任何愿望。毫无疑问，母亲纵容溺爱他。父亲性情温和，少言寡语，也喜欢儿子依恋他。父亲是个军官，经常不在家，所以这个男孩自然与母亲更为亲近。母亲是一个聪明而善良的女人，尽管儿子黏人又固执，她也总是尽量满足他各种心血来潮的要求。尽管如此，她还是经常对儿子的那些缺乏教养或威胁性的举动感到恼火，这就形成了母子之间的一种紧张状态。这种紧张状态主要表现在男孩不断地想要欺压他的母亲——对母亲发号施令，捉弄母亲。总之，无论何时何地，但凡有可能，他都会想方设法地突显自己，这非常令人讨厌。

男孩的行为让母亲非常烦恼，但由于儿子没有其他特别不好的秉性，母亲还是顺着儿子，帮他整理衣服，辅导他做功课。这个男孩总是相信，他遇到的任何困难，自有母亲帮他解决。这毫无疑问是个聪明的孩子，也受着跟正常孩子一样良好的教育。他小学时的学习表现一直都还不错，直到 8 岁。这时候，情况开始出现巨大转变，男孩和父母的关系变得紧张不堪。他不仅自暴自弃，无所事事，让母亲着急发狂，而且一旦母亲没有满足他的任何要求，他就会薅母亲的头发。他从来不让母亲有片刻安宁，要么揪她的耳朵，要么拽她的手。他执着于自己的那套伎俩，而且随着妹妹的长大，他更加热衷于那套自创的行为模式，妹妹很快就成为了他要伎俩的目标。虽然还不至于从身体上伤害妹妹，但他的嫉妒是显而易见的。从妹妹出生成为家庭成员的那一刻起，这个男孩就开始往不好的方向发展了。

需要特别强调的是，当孩子的行为变得恶劣，或出现某些新的不良症状时，我们不仅要考虑病情的始发时间，还要考虑到引发的原因。"原因"这个字眼必须慎重使用，因为人们不太能明白为什么妹妹的出生就一定会导致哥哥变成问题儿童。虽然这种情况经常发生，但是这种关联性最多只能看作是哥哥采取了错误的态度而已，不可被过度解读。这不具有物理科学意义上的那种严格的因果关系，因为我们不能说小孩子的出生必然会导致大孩子的变坏。可以肯定的是，当一块石头掉到地上时，它必然是以一定的速度和方向坠落的，但个体心理学的研究表明，在心理上的"坠落"过程中，严格的因果关系并不起什么作用，只有那些个体所犯的各种大大小小的错误才影响了其未来的成长。

在人的心理发展过程中一定会出现各种错误，这不足为怪。这些错误及其后果相伴相随，并且会体现在失败或者说错误的心理取向上。所有这一切都源于心理上的目标设定行为。要设定目标，就涉及判断，要判断，就意味着会有失误。人类从幼年开始，就为自己设定或者说确立了心理的目标。一般来说，从两三岁开始，儿童就开始为自己设定追求优越的目标。这个目标将永远悬在眼前，为此他将终身努力，并且这种努力具有个人的独特风格。尽管目标的设定往往会出现错误的判断，但目标一旦形成，就对儿童产生了约束作用，其约束程度可大可小。儿童会通过具体的行为来落实自己的目标，并据此来安排自己的一生。其整个人生就是朝这个目标一直努力的过程。

对我们来说，记住这一点是多么重要：儿童的成长取决于其对事物个人化的、与众不同的理解；意识到这一点也是多么重要：无论何时，当遇到一个新的、困难的处境，儿童总会在其个人错误理解的圈子里打转。我们知道，某个处境给儿童留下的印象的深浅程度和内容属性，都并不取决于客观事实或处境本身（例如弟弟或妹妹的出生），而是取决于儿童如何看待这些事实。可以用来驳斥因果关系论的充分证据就是：客观事实与其绝对意义之间存在必然联系，但与其错误解读之间则不存在这样的必然联系。

人类心理活动最让人惊奇的地方就是，决定我们行为方向的是我们对事实的看法，而非事实本身。这一背景至关重要，因为我们所有的行为都受其控制和调节，我们的人格也是基于这一背景而构建的。人的主观看法影响着人的行为，关于这一点有一个经典案例。罗马的凯撒大帝登陆埃及，当他从战船跳到岸上时摔了一跤，罗马士兵认为那是个不祥之兆。尽管他们很勇敢，但在当时的情况下还是很有可能失去信心，打道回府。幸亏凯撒大帝振臂高呼："非洲，你是我的了！"士兵们才得以重振士气。从这个例子我们就可以看出，客观事实对人的决定性影响是多么的微乎其微，而一个健全强大的人格又是如何能够改变和决定客观事实对人的影响的。同理，群氓心理和常识理性之间的关系也是如此：如果群氓心理在某种情况下让位于常识理性，那并不是由于客观处境对人有了决定性的影响，选择常识理性也好，放弃群氓心理也罢，都不过是人们对当时客观处境的一种即时的、无意识的看法而已。一般来讲，除非所有的错误看法都被尝试了一遍并且都行不通，否则常识理性不会出现。

现在我们回到那个男孩的故事上来，可以说他很快就发现自己陷入了困境。没有人再喜欢他，他在学校里也没有进步，但他还是依然如故。不断扰乱别人的行为已经成为他人格全面彻底的体现。接下来会发生什么呢？每次打扰别人，他都会立即受到惩罚。他的学业成绩会很糟糕，学校还可能会写投诉信给他的父母。如果这种情况继续发展下去，最后他的父母会接到学校的退学通知，要求把他从学校接走，因为他看起来不适合学校生活。

对于这样的解决方案，恐怕没有人比这个男孩更高兴了，因为这正是他想要的结果。他行为模式的逻辑一致性，再次体现在了他的态度上。尽管这是一种错误的态度，但一旦养成就很难戒掉。当他为自己设定了一个目标，即要永远成为别人关注的焦点时，便犯了根本性的错误。如果说他要因为什么错误而受到惩罚的话，那么就应该为这个根本性错误而受到惩罚。正是由于这个根本性错误，他才不断想方设法地让母亲围着他转。也正是由于这个根本性错误，他才表现得像一个在拥有了 8 年的绝对权力之后突然被剥夺了王位的国王。在被废黜之前，他只为母亲而存在，母亲也只为他而存在。后来妹妹出生，他拼命地想夺回失去的王位，这是他的又一个错误。但我们必须承认，这种错误并不涉及任何本性上的不良或邪恶。一个儿童，只有在他毫无准备的情况下被带到一个陌生的环境，并任由其独自挣扎而得不到任何帮助的时候，其邪恶的一面才会显现出来。例如，一个孩子原本只习惯于别人把全部注意力都投到他的身上，但突然间情况变得完全不同了。在学校里，老师不得不把注意力平均分配到多个孩子身上。当一个孩子要求的注意力超过他应得的份额时，老师就会恼火。这种情况对娇生惯养的孩子来说是充满危险的，但在一开始，这个孩子远非是邪恶或不可救药的。

可以理解的是，对这个男孩来说，他个人的存在方式与学校需要的存在方式之间产生了冲突。如果画图来说明这个孩子的人格方向和目标与学校生活所规定的目标之间的冲突，这两个目标显然指向了不同的方向。但是我们知道，儿童生活中的一切行为都是由其目标决定的。可以说，在其整个生活内容中，除了朝着这个目标方向努力前进之外，没有别的事情可做。而另一方面，学校则希望每个孩子都有一种规范的生活方式，因而冲突的产生就不可避免了。但学校不了解这种状态下的儿童的心理，既没有体谅和包容他们，也没有试图去消除产生这种冲突的根源。

我们知道，这个孩子的生活是由一种支配性的渴望所驱动的，那就是让他的母亲服侍他，并且只服侍他一个人。在他关于存在的心理模式中，可以说一切的一切都归结于这一个想法：我必须支配我的母亲，我必须是占有她的那个唯一的人。但人们对这个孩子还有所期待，希望他能独立做些事情，比如看好自己的书本、管好自己的个人物品等。这样一来，就好比把一匹性情刚烈的赛马拴在了一辆拉货的马车上。

很自然，基于这种情况，这个男孩在学校里不可能有上佳表现，但知道了真实情况后，我们便更容易对他产生同情。在学校里惩罚他是没有用的，因为那正好会让他认为，学校不是他该待的地方。如果学校开除他，或者通知父母把他带回家，那么这个男孩离他的目标就更近一步了。这个男孩错误的统觉体系（认知方式）（scheme of apperception）就像一个陷阱，他会认为自己赢了，因为现在他真的掌控了自己的母亲。母亲必须再次全身心地投入到他身上，而这正是这个男孩梦寐以求的。

当我们认识到事情的真相时，必须承认单挑出这个错误或那个错误并且因此来惩罚儿童是没有用的。比如，他上学忘记带课本——如果他没有忘记带，那才是怪事呢，因为一旦忘记带课本，就等于正好给他母亲找了一点事做。这不是一个孤立行为，而是该儿童整体人格的一部分。如果我们能牢记，个体人格的所有表现形式都是其整体人格不可分割的一部分，那么我们就会明白，这个男孩只不过是在按照自己的生活风格行事。他的行为始终如一，并遵循其人格逻辑。同时，这一事实也说明，关于他不能完成学校里的各项任务是因为智力迟钝的猜测也是站不住脚的，因为智力低下的人不可能始终一以贯之地按照自己的生活风格行事。

这个高度复杂的案例也引出了另一个话题，那就是我们所有人的处境，其实都有点类似于这个男孩。我们自己的生活模式，我们自己对人生的理解，从来也没有完全符合公认的社会传统。过去，人们把社会传统看作神圣不可冒犯的。现在，我们已经逐渐认识到，人类社会的各种规范与传统并非什么神圣或一成不变的东西。相反，一切都在发展与变革的过程之中，而推动这一过程的驱动力，就来自社会中每个个体的抗争和努力。所以说，社会制度因个体而存在，而不是个体因社会制度而存在。个体的救赎的确有赖于其具有社会意识，但具有社会意识并不意味着强制要求所有个体都整齐划一，削足适履般地去适应同一个社会模子。

这种对个体与社会之间关系的思考，是个体心理学的理论基石和出发点，非常适用于学校系统，而且非常有助于学校应对那些无法适应校园环境的儿童。学校应该学会把儿童视为一种人格，视为一份价值，一份需要培养和发展的价值。同时，学校还应该学会运用心理学的洞见来判断儿童的具体行为。如上所述，学校在看待儿童的具体行为时，不应该把它们视为一个个孤立的音符，而应该把其放在整首音乐旋律——即人格整体性——的背景下来看待。

第三章

追求优越及其在教育上的意义

除了人格的整体性，关于人性的另一个最重要的心理学事实，就是对优越和成功的不懈追求。当然，这种追求与自卑感直接相关，因为如果我们没有自卑感，我们就不会有任何超越现状的渴望。这两个问题——对优越的渴望和自卑感，实际上是同一心理现象的两个不同侧面。为了阐述问题的方便，我们或多或少地会把它们分开来讨论。在本章中，我们将主要讨论追求优越及其在教育上的意义。

　　关于追求优越，可能人们要问的第一个问题就是：它是否像我们人类的其他生物本能一样，也是与生俱来的？我们必须给出的答案是，这种假设是极不可能的。从严格意义上来讲，我们确实不能说这种对优越的追求是与生俱来的。不过我们也必须承认，一定存在着某种基质（substrate），即一定存在一个具有发育可能性的胚胎一样的内核。或许这样说最为贴切：人的本性，是与逐渐养成的对优越的追求紧紧相连的。

　　当然，我们知道，人类的活动范围是有边界的，人类的能力也是有限的，有些能力是人类永远也无法达到的。例如，人类的嗅觉永远无法达到犬类那样敏锐，人类的肉眼也感知不到光谱中的紫外线。但人类在某些功能上的潜力还是可以得到进一步发展的，而正是在这种进一步发展的可能性之中，我们看到了追求优越感的生物根源，以及人格得以在心理上完全展现出来的源泉所在。

就我们所知，无论在什么情况下，人类总有一种澎湃不息的自我肯定的欲望，儿童和成年人都是如此，而且这种欲望无法扑灭。人性不能容忍永久的屈从，人类甚至推翻了自己的众神。被人贬低和轻视的感觉、不确定以及自卑的感觉，总是会激发出人们一种努力挣扎向上的渴望，以图心理补偿，以求感觉圆满。

我们可以证明，儿童的某些个性特质是环境力量无意中造成的结果。这些环境力量在他们身上形成了自卑感、无力感和不确定感；反过来，这些感觉又对儿童的整个心理活动产生了刺激性的影响。于是，摆脱现状、努力攀升、更上层楼，以获得一种平等感，就被儿童作为了努力的目标。这种向上努力的渴望越强烈，儿童给自己设定的目标就会越高，以图寻找证据来证明自己的能力，而这些证据往往又会超出人类能力的极限。有时候，儿童得到的外界助力过于全面、过于细致，以至于会激发他们把自己未来的图景想象得过于美好，产生一种自己近乎上帝的感觉。儿童的想象往往会以这样或那样的方式暴露出一个事实：他们沉溺于一种想法，即以为自己可以通神。这往往会表现在那些无力感最强的儿童身上。

有这样一个案例。一个14岁的儿童，他发现自己的精神状况非常糟糕。当被问及对自己小时候的印象时，他回忆道，当他意识到自己6岁还不会吹口哨时是多么痛苦。然而有一天，他走出家门，成功地吹响了口哨。他如此惊讶，以至于相信是上帝在他的身体里吹口哨。这清楚地表明，自身的无力感和幻想自己可以通神之间存在着隐秘而密切的联系。

这种对优越的渴望，与儿童一些明显的性格特质相关。通过观察这种相关的倾向，我们能够看出这个儿童的全部雄心。当这种自我肯定的渴望变得异常强烈时，它总会包含嫉妒的成分。这类儿童很容易养成一种习惯，就是总盼着他们的竞争对手遭遇各种不幸。而且他们不仅会盼望（这种盼望常导致神经症），还会付诸行动，伤害他人，引起事端，甚至会时不时表现出彻头彻尾的罪犯特征。这样的儿童会诽谤他人、泄露家庭秘密、贬低同伴，以突显自己的价值，尤其是有人关注他的时候。谁超越他都不可以，因此不管是他自己的价值上升，还是别人的价值下降，都不重要，只要他能占上风就行。对权力的渴望变得异常强烈时，就会表现为恶意和报复。这类儿童总是表现出一种好斗和挑衅的态度，这种态度会在他们的外表上体现出来，眼露凶光，突然暴怒，随时准备与自己的假想敌战斗。对那些追求优越，志在高人一等的儿童来说，让他们接受心理测试会是一件极其痛苦的事情，因为心理测试会让他们的无价值感很容易暴露出来。

这一事实表明，有必要根据儿童的性格特点来调整心理测试的操作方式。心理测试对每个儿童的意义都不相同，我们经常可以发现，对一些儿童来说，心理测试是一件令其不堪重负的事情。测试过程中，他们的脸时而涨红，时而煞白，说话结巴，哆哆嗦嗦，他们的身体会因害羞和恐惧而变得僵硬麻痹，大脑也变得一片空白。有些儿童只有和别人在一起才能回答测试问题，否则根本说不出话来，因为独自回答问题时，他们会怀疑自己正在被监视。这种对优越的渴望也会在游戏中表现出来。在这方面，强烈渴望优越的儿童不愿意让别的儿童扮演马夫而自己去扮演马的角色，他们总是想自己扮演马夫，去驾驭和指挥别人。如果因为过往的不良表现而未能获得马夫的戏份，他们就会给游戏中的其他儿童捣乱，并以此为乐。如果受到的打击和失败过多，他们的雄心就会受挫，以后无论遇到什么新的情况，都会畏缩不前，而不是努力前行。

雄心勃勃而从未受过挫败的儿童，会表现出对各种竞争性游戏的偏好，然而一旦失败，他们就会表现出惶恐。对自我肯定的渴望的强弱程度和方向，通常可以从儿童爱玩的游戏、爱听的故事、喜欢的历史人物以及他们喜欢的人中推断出来。很多成年人崇拜拿破仑，拿破仑也非常适合作为那些雄心勃勃的人的榜样。在白日梦中幻想着自高自大是一种强烈自卑感的标志，它刺激着失意者在现实之外寻求自我满足和自我陶醉的感觉，类似的事情经常发生在梦境之中。

通过观察儿童们在追求优越的过程中所选取的不同方向，我们可以看出明显的差异性，并将这些差异性分为某几种类型。我们不能保证对这些差异的类型划分是精确的，因为它们多种多样，数不胜数，而且主要取决于儿童对他们自己的信心程度。有一类儿童，他们的成长过程没有受到过什么阻碍，他们会将追求优越的努力指向有益的、有所作为的方向。他们会努力遵守秩序，使老师满意，成长为学校里的正常孩子。不过，从经验中我们知道，这种类型的儿童不占大多数。

还有一类儿童，他们总想要超越他人，追求超越别人的表现异乎寻常地强烈。这种追求往往是过度的雄心所致，而这一点又很容易被忽视，因为我们习惯于将雄心视为一种优点，而且会鼓励儿童进一步努力追求。这通常是错误的做法，因为会影响儿童的成长。过度膨胀的雄心会令人产生一种紧张状态，短时间内儿童或许还可以承受，但这种紧张状态会不可避免地变得越来越强，直到儿童无法继续承受为止。这类儿童可能会花过多的时间在家里看书，而不去参加其他活动。他们常常渴望仅凭学业上的领先优势，就可以回避其他方面的问题。

我们不能完全满足于这种成长方式，因为在这种情形下，儿童的身体和心理是不可能茁壮成长的。

儿童如此安排自己的生活以图能超越所有人，这并不是正常成长的最佳方式。到了适当的时候必须要告诉他们，不要花太多的时间在书本上，要到户外去，和朋友们一起玩耍，也要把时间花在其他事情上。这种类型的儿童也不占大多数，但经常可见。

此外，经常发生的情况是，一个班上有两个小学生，他们之间会暗中竞争。有机会仔细观察的人会发现，这些互相竞争的儿童，有时会形成一些令人讨厌的人格特质。他们会变得羡慕和嫉妒，而羡慕和嫉妒肯定不是独立与和谐的人格所应该包含的品质特征。他们会为其他儿童的成功而烦恼，当别的儿童取得进步时，他们会开始出现神经性头痛、胃痛等症状。当别的儿童受到表扬时，他们会恨恨地躲到一旁。当然，他们永远也不会去表扬别人。这种嫉妒的表现对其已经膨胀的雄心并没有什么好处。

这样的儿童无法与同伴友好相处。他们想要在所有事情中都占据主导地位，不愿意让自己服从于游戏的整体安排。结果是他们不喜欢与人交往，对同学态度傲慢。每一次与同学的接触，对他们来说都是不愉快的。越是如此，他们就越觉得自己的地位不稳定。这种孩子对自己的成功没有把握，当他们感到自己处于不稳定的环境中时，也很容易感到慌乱。别人对他们的期望，以及他们对自己的期望，都使他们不堪重负。

家庭对这类儿童的期望也会被这些儿童切身感受到。他们往往会带着激动和紧张的心情去完成摆在他们面前的每一项任务，因为在他们的眼前总有一种超越他人的愿景，他们总想成为众人瞩目的最耀眼的那"一束光"。他们感受到了寄托在他们身上的期望的重量，而且只有在环境有利的情况下，才会去承受这样的重量。

如果人类有幸拥有绝对真理，能够找到一个完美的方法，让儿童们摆脱这样的困难，那么可能就不会有行为问题儿童了。既然我们没有这样的方法，儿童成长所须经历的客观条件也不可能做到理想化，那么很显然，这类儿童的忧心忡忡的期望就是一件极其危险的事情。他们所面临的困难和感受，与那些没有负担这种不健康的雄心的儿童截然不同。这里所说的困难，是指那些不可避免的困难。要使儿童避免遇到困难是不可能的，而且永远都不可能。这是因为，一方面，培养儿童的方法还需要进一步改善，目前的培养方法并不适合每个儿童，我们正在不断寻求改进；另一方面，儿童的自信心被过度的雄心摧毁了，他们失去了克服困难所必需的勇气。

雄心过大的孩子只关心最终结果，即他们的成功要得到别人的认可。如果没有别人的认可，那么成功本身是无法令其感到满足的。我们知道，在许多情况下，在困难面前能保持心理平衡，实际上要比立刻试图去征服困难更重要。但一个被过度雄心所迫走上这个方向的儿童不懂得这个道理，如果得不到别人的赞赏和认可，他们就会感到无法生活。这种后果随处可见，有很多人都过于在乎别人的意见。

对个体的价值能有正确认知而不失偏颇，非常重要，对那些一出生就有身体器质性缺陷的儿童来说尤其如此。然而，类似的偏见情况却相当普遍。许多儿童的左半身比右半身发育得更好，但很少有人知道这一事实。在我们这个右利手占上风的社会环境中，左利手儿童会遇到很多困难。几乎毫无例外，我们发现左利手儿童在书写、阅读和绘画方面，都存在极大困难，而且他们的双手也通常比较笨拙。因此，有必要用某种方法来确定一个儿童是左利手还是右利手。有一个简单但不绝对的查明一个孩子天生是左利手还是右利手的方法，那就是让他两手五指交叉，左利手儿童的左手拇指通常会压在右手拇指的上面。有那么多人生来就是左利手而不自知，这件事真是令人惊讶。

当调查了大量左利手儿童的过往经历后，我们发现了以下事实：首先，这类儿童通常被认为是笨手笨脚或有些愚钝的（这不足为奇，因为我们周边的事物的布置都是为了方便右利手的）。要理解这种情形，我们只需想一想，当我们已经习惯靠右行驶的情况下，想在车辆靠左行驶的地方（例如英国或阿根廷的城市）过马路，是多么令人困惑。左利手儿童会发现，在家人都是右利手的家庭中，他的处境更糟，左利手会让家人和他自己都感到困扰。在学校学习写字时，他会发现自己的水平低于常人。由于无人知道个中缘由，他会因此受到责骂，学习成绩也不好，还经常会受到惩罚。孩子无法解释自己的处境，只能相信自己在某些方面能力不如别人。一种感觉会在他心中滋长，他会觉得自己受到了限制，觉得自己低人一等，或无法与别人竞争。由于在家里也会因为笨拙而受到责骂，他会把这些都看成证据，证明自己的确低人一等。

当然，并不是所有儿童都必然接受这是最终的失败，但确实有许多儿童会在这种令人沮丧的情况下放弃努力。由于他们无法了解自己的真实处境，也没有人能向他们解释该如何克服困难，所以他们很难坚持努力下去。很多人的字迹潦草难看，是因为他们没有充分训练右手。其实这个障碍是可以克服的，事实上许多一流的艺术家、画家，乃至文字雕刻师，都是左利手。经过后天的训练，这些天生左利手都能熟练地使用右手。

有一种迷信，认为被训练成使用右手的天生左利手的孩子们会变成口吃。这种迷信可以用这样一个事实来解释：这类儿童所遇到的困难有时是如此之大，以至于他们可能失去了说话的勇气。这也是在那些表现出其他形式的心理问题（神经症、自杀、犯罪、个体反常行为等）的人群中，有这么多左利手的原因。另一方面，我们发现那些克服了左利手困难的人，在生活中也获得了较高的地位，比如在艺术领域中就经常可以看到这样的例子。

就左利手这一种特征而言，无论其本身的意义看起来多么微不足道，它却仍教给我们一个非常重要的东西：那就是除非把一个儿童的勇气和毅力提升到一定的高度，否则我们就根本无法判定他们的能力到底有多大。如果我们恐吓儿童，夺走儿童对美好未来的希望，似乎他们也还能继续对付着活下去。但如果我们能鼓舞他们的勇气，这样的儿童将能够有更大的作为。

雄心过大的儿童的处境往往不利，因为人们习惯了根据他们的成功与否来评判他们，而不是他们是否做好了面对困难以及和困难做斗争的准备。当今社会，人们习惯上更看重的是看得见的成功，而不是全面透彻的教育。我们知道，不费吹灰之力就获得的成功是多么容易消逝。因此，把儿童培养成雄心勃勃的人是没有什么好处的。更重要的是要培养他们的勇气、毅力和自信，让他们认识到，面对失败绝不应该气馁，而应当把失败当作一个新的问题来解决。如果老师能够识别出一个儿童的努力是在什么时候开始变得徒劳无功的，以及这个儿童是否从一开始就付出了足够的努力，那么事情就会变得容易很多。

因此我们看到，追求优越可以通过一种性格特质表现出来，比如雄心。有一些孩子，他们对优越的追求最初是以雄心的形式表现出来的，但最后他们放弃了这种雄心，认为其不可企及，因为已经有别的孩子遥遥领先了。许多老师也会采取这种手段，对那些没有表现出足够雄心的孩子非常严厉，或者给他们的学业以很差的评分，试图激发出他们潜藏着的雄心。如果孩子的身上还残留一点勇气，那么这种手段也许偶尔还会奏效，但是不可常用。对那些在学业上已然濒临崩溃的儿童来说，这种激将法只会让他们彻底不知所措，看上去愚不可及。

另一方面，我们也经常感到非常惊讶，有些儿童若被温柔对待，被关爱和理解，他们就会表现出确凿无疑的智力和能力。确实，以这种方式转变之后的儿童往往都会表现出更大的雄心。原因很简单，他们害怕退回到以前的状态。他们过去的生活方式以及碌碌无为，总是像警示信号一样在他们眼前晃悠，不停地敦促他们向前。以至于在以后的生活中，他们中的许多人都表现得像着了魔一样，日夜忙个不停，饱受过劳之苦，并认为自己永远做得不够多、不够好。

当我们能时刻牢记，个体心理学的主导思想是每个个体（不论儿童还是成年人）的人格都是一个统一的整体，并且人格总是按照个体逐渐养成的行为模式被表达出来时，这一切就变得清晰多了。脱离行为者的人格来判断一个人的行为是不对的，因为一个特定而孤立的行为可以有多种解读。当我们理解了儿童的某个特定行为举止，事情立马就能判断清楚了，比如把做事拖拖拉拉理解为是儿童不想完成学校布置的任务的一种必然反应，那么这就明显意味着他巴不得与学校没有任何瓜葛，那样的话，他就不用操心去满足学校的各种要求了。事实上，他想尽办法所做的一切都是为了摆脱学校规矩的约束。

从这个角度，我们就可以看到所谓"坏"学生的全貌。当追求优越的努力不是以接受学校教育而是以抵触它的形式出现时，悲剧就发生了。一系列典型的行为症状开始出现，逐渐地这些症状越来越积重难返，最后无可救药地走向了反面。这类儿童可能会变成宫廷弄臣那样的小丑。他会经常搞恶作剧，逗别人发笑，别的什么事都不做，又或者惹恼同学伙伴，再或者逃学、结交损友。

因此我们看到，不仅学龄儿童在学校里的命运掌握在我们的手中，而且他们人生的未来也掌握在我们的手中。学校提供的教育和培养，从根本上决定着个体未来的生活。学校处于家庭和社会生活之间，它有机会纠正儿童在家庭教育中所形成的错误的生活风格，并且有责任使儿童做好适应社会生活的准备，确保儿童将来能在社会这个交响乐队中奏出和谐动听的音符。

当我们从历史的角度来审视学校的角色时，会发现学校总是试图根据当时的社会理想来塑造个体。学校曾是贵族的、宗教的、资产阶级的、民主的，它总是在按照时代和统治者的要求教育孩子。在社会理想不断变化的今天，学校也必须随之变化，与时俱进。因此，如果今天理想的成年人应是独立、有自制力和勇敢的，那么学校也必须调整自己，把这一理想作为塑造个体的目标。

换句话说，学校不能把自己视为教育的目的，而必须记住，它们是在为社会而不是为学校培养个体。因此，不能忽视那些已经放弃了在学校做模范学生这一理想的儿童。这些儿童并不一定是真的缺乏追求优越的动力，他们只不过是把注意力转移到了其他事情上。在这些事情上，他们不用太费劲，而且不论对错与否，他们认为自己在这些事情上更容易取得成功。这可能是由于他们在小的时候无意之中培养了去做其他事情的习惯。所以，这些儿童或许不会成为杰出的数学家，但却有可能在体育方面脱颖而出。教育者不应忽视儿童身上任何突出的长处，而应该把这些特长作为鼓励儿童的出发点，让儿童在其他领域也取得成功。任何一种成功，都会鼓舞人心。如果教育者能从儿童的任何一种特长或者强项入手，利用它让儿童相信自己在其他事情上也同样能取得成功，那么教育者的工作就容易开展得多了。这样，儿童就能接连不断地品尝到成功的甜头。因为所有的孩子，除低能儿童外，都有能力成功地完成学业，他们需要克服的只是一种人为设置的障碍。从学校角度来说，这种障碍就是仅仅以抽象的学业成绩为评价标准，而不看重终极的教育目标和社会目标。从儿童的角度来说，这种障碍的体现就是缺乏自信，其结果是，由于他的优越感找不到合适的表达方式，因此儿童追求优越的行为，将不再是从事有益的活动。

那么，在这种情况下，儿童会做什么呢？他会想办法逃避。我们常常发现，儿童表现出某种怪癖，实际上并非是在寻求得到老师的表扬，而是只想引起老师的注意，也可能只是为了以调皮和任性的表现引起别的儿童对他的羡慕。通过制造麻烦，这样的儿童常把自己视为英雄，视为小巨人。

这种心理表现和行为偏差，是在学校这个试验场中逐渐显现出来的。虽然它们是在学校里出现的，其根源却不能完全归结于学校。从主动意义上来看，学校有教育和修正的使命，但从被动意义上来看，学校只不过是一个试验场，它让儿童早期家庭教育的种种缺陷得以曝光。

一个细心的好老师在儿童上学的第一天就能发现许多东西。对许多儿童来说，新处境（学校）是最痛苦的和最不愉快的，他们会立刻表现出所有娇生惯养的孩子的迹象。这样的儿童没有与他人接触的经验，而结交朋友对儿童来说至关重要。入学前，儿童最好已经具备一些如何与他人交往的知识。他不能只依恋一个人，而排斥其他所有人。家庭教育的错误必须在学校里得到纠正，但在入学之前就能或多或少地摆脱这种错误自然更好。

一个在家被娇惯的儿童不可能一下子就将精力集中在学校的事情上。这样的孩子在学习上不会专心，他将表现出想留在家里而不是去上学的愿望，事实上，他没有"学校意识"。这种厌恶上学的迹象很容易察觉：早上需要父母哄着他才能起床；必须不断地敦促他做这做那；吃早餐也磨磨蹭蹭等。这样的儿童似乎已经设置了一个不可逾越的障碍来阻止自己进步。

这种情况的治疗方法和补救方法与左利手一样：我们必须给这样的儿童以时间，让他们逐渐学习和领会。不可以在他们上学迟到的时候惩罚他们，因为这样做只会加重他们在学校的不快乐感。儿童会认为，这样的惩罚刚好证实了他们不适合上学。如果父母用体罚的办法强迫儿童，那么他们不仅不再想去上学，而且还会想方设法让自己的处境变得不那么难以忍受。当然，他们想到的办法自然是如何逃避，而不是如何面对困难。儿童对学校的厌恶，无法应对学校的困难，都会在一举一动中表现出来。他们永远都不会把书本整理好放在一起，总是忘带或弄丢。如果一个儿童养成了忘带、弄丢书本的习惯，可以肯定，他在学校里的日子不是很好过。

在对这些儿童的考察中，我们几乎总是看到，他们对自己在学校里能取得成功不抱任何希望。这种自我贬低并不完全是他们自己的错，周围环境的影响也难辞其咎。在家里，气头上的家人可能会预言他们将来前途黯淡，还可能会骂他们愚蠢或没用。当这些儿童在学校发现自己确实表现不佳，似乎就证实家人骂对了。他们缺少判断力和分析能力（大人也常常缺少这种能力）来纠正自己对事情的误解。因此，他们不战而逃，并且认为这个由自己造成的失败是一个不可逾越的障碍，充分证明了自己的无能与低人一等。

现状往往如此，一旦发生错误，错误得以纠正的可能性就很小。尽管他们表面上还在努力进取，但学业往往还是跟不上，于是他们很快就放弃了努力，并把注意力转向为逃学寻找各种理由。旷课，即逃学，被认为是最危险的信号、最严重的劣行之一，而且通常受到的惩罚也都很重。于是这些儿童就会耍诡计、编谎话来逃避惩罚，并认为自己是迫不得已才这样做的。还有几种做法会把他们引向更大的错误。他们会模仿家长的签字笔迹，篡改学校的成绩单；他们会编造全套的谎言，跟父母说他们在学校都做了什么，而实际上他们已经有一段时间没有去上学了；他们还得在上课时间找个地方躲起来，不用说，他们通常会在这样的藏身之处遇见其他逃学的儿童。但这些儿童追求优越的渴望仅靠逃学是仍然得不到满足的，这会驱使他们采取进一步的行动，也就是说去触犯法律，错上加错，越走越远，最终演变成完全的犯罪行为。他们拉帮结伙，开始偷窃，尝试性变态行为，这让他们觉得自己已经长大了。

既然已经在错误的方向上迈出了一大步，他们就开始为自己的雄心寻找更多的养料了。由于他们的行为往往还未被人察觉，于是就认为自己可以犯下最狡猾的罪行。这就解释了为什么有那么多儿童无法放弃他们的犯罪生活。他们想在这条道路上走得更远，因为他们认为自己在其他任何方面都不可能取得成功。他们排斥了一切可能激励他们从事有益活动的事情。他们的雄心不断受到同伴行为的刺激，驱使他们做出新的自私行为或者反社会行为。没有一个有犯罪倾向的儿童不是同时极度自负的。这种自负和雄心有着同样的根源，它迫使儿童不断地要在某些方面突出自己。当他不能在生活中为自己找到有益的位置时，就会倒向无益的一方。

在一个案例中，一个男孩杀死了他的老师。如果我们仔细研究这个案例，就会发现这个男孩身上具备所有上述的人格特质。这是一个在自以为对人的心理活动的功能及其表现形式无所不知的女家庭教师的管教下成长起来的男孩，其家庭教育氛围可谓细致周密，但紧张过度。这个男孩的雄心从极其夸张的程度最后膨胀到了虚无，也就是说，他对自己彻底失去了信心。生活和学校都不再能满足他的期望，于是他开始犯法。通过做出违法行为，他可以摆脱教育者和儿童指导专家的控制，因为社会还没有相应的机制，能把犯罪问题，特别是未成年人犯罪问题，作为教育问题来对待，即修正他们心理上的问题。

有这样一个令人费解的事实，任何一个对教育学有所涉猎的人都不会陌生，那就是我们经常会在教师、高官、医生和律师的家庭里发现任性难管的孩子。这不仅常见于没有太多专业地位的教育者，也见于那些我们视其为权威的人士。尽管他们在各自的专业领域都很权威，却似乎都无法为自己的家庭带来安宁与秩序。对这一现象的解释是，在所有这样的家庭里，某些重要的观点要么被完全忽视，要么没有被理解。例如，部分身为教育工作者的父母，利用其自以为的权威，试图把严格的规章制度强加给家人。这种对孩子过于严格的管教已经威胁到，甚至常常完全剥夺了他们的独立性。这种行为似乎在孩子的心中激起了一种反抗情绪，迫使他们对此进行报复，因为这唤醒了他们被棍棒责打的记忆。此外，我们还必须牢记，如果对所谓教育学的方法太过较真儿，凡事都要照章办事，也会导致父母观察过于细微，事无巨细都不放过。一般来说，观察得仔细是一件好事，但就自己的孩子而言，则往往会导致其总想成为关注的焦点。孩子会把自己当作公开展示的试验品，而试验的责任和决定权都在别人的身上。别人必须帮他们解决所有难题，而他们自己则不用承担任何责任。

第四章

正确引导儿童对优越的追求

我们已经看到，每个儿童都有对优越的渴望和追求。父母或教育者所要做的，就是把这种追求导入一个建设性的、有益的渠道。教育者必须确保儿童对优越的追求所带来的结果是心理健康和精神愉悦，而不是神经症和精神疾患。

那么我们该怎么做呢？该如何区分追求优越的有益努力和无益努力的外在表现呢？其依据又是什么呢？答案就是，看它是否对群体有益。我们无法想象，任何一项成就、任何一个人所做的任何一件有价值的事情，与群体没有任何关系。想一想那些在我们看来是高贵的、崇高的、有价值的伟大成就，我们会看到，那些成就不仅对其完成者有价值，而且对整个群体也有价值。因此，对儿童的教育必须如此安排，以便让他们能够认识到什么是社会情感，或者说是对群体的归属感。

不理解社会情感这一概念的儿童会成为问题儿童。对于这样儿童而言，他们对优越的追求只是还未被导入正途。

关于什么是对群体有益的行为，人们的看法确实存在很大分歧。不过，有一件事是肯定的：我们可以从一棵树的果实来判断这棵树。任何一个具体行为的结果都将反映出它对群体是有益的还是无益的，这意味着我们必须把时间及效果考虑进去。最终，这个具体行为肯定要与现实逻辑进行交汇，而与现实逻辑的交汇将显示出这个具体行为是否最大程度地符合群体需求。事物都是普遍联系的，这种普遍联系就是判断价值的标准，一个具体行为是符合这个标准还是与其相矛盾，或迟或早都会体现出来。此外，幸运的是，日常生活中需要我们运用如此复杂的判断技巧的情况并不常见。至于社会运动、政治潮流等问题，由于我们无法清楚预见其影响，可以留给大家去争论。然而，在社会生活以及个体生活中，某些具体行为的最终效果还是会揭示出它们究竟是否有益，是否符合事实。从科学观点来看，我们不可以说某件事情对所有人都是有益的或都是好的，除非它是一个绝对真理，也不可以说它是人生问题的不二解决方案，因为人生问题受到地球、宇宙以及人际关系逻辑的制约。客观世界和主观世界的制约就像摆在我们面前的一道数学难题，其实答案就隐藏在题目之中，只不过我们并不是总能解开这道题。我们只能通过已知条件和参数进行测试，来验证答案是否正确。令人遗憾的是，有时候给我们验证答案的机会来得太迟，以至于我们没有时间去纠正错误。

那些不能从逻辑和客观的角度来看待自己人生架构的人，多半都无法看到自己行为模式的连贯性和一致性。当有问题出现时，他们只会感到吃惊害怕，认为是自己错误地选择了一条存在问题的道路，而不会努力去解决问题。就儿童而言，我们也要记住，如果偏离了有益的人生道路，他们便不能从消极的经历中汲取积极的教训，只因为他们还不能理解问题的意义所在。因此，有必要教育儿童不要把人生看作是一系列互不关联的事件，而要把人生看作一条连续不断的线索，这个线索贯穿他的一生，连结所有事件。没有一件事情可以从整个人生背景中剥离开来对待，想要解释一件事情就必须将其与过往发生的一切联系起来考虑。当一个儿童理解了这一点，他才能明白自己为什么会误入歧途。

在进一步讨论追求优越的正确方向与错误方向的区别之前，我们不妨先讨论一种看似与一般常理相矛盾的行为，这种行为就是懒惰。从表面上看，懒惰似乎与所有儿童天生都追求优越这一基本观点相矛盾。实际上，人们责骂一个孩子懒惰，大致是认为他没有追求优越的抱负，没有雄心壮志。但是，如果我们更仔细地考察一下懒惰孩子的情况，就会发现这种通常的看法是多么的错误。懒惰的孩子有他自己特有的优势。他不需要背负别人过高的期待，因此也没有什么心理负担；事情做得不够完美，别人也不会苛求于他；他凡事不用太努力，整天马马虎虎、得过且过。然而，正是由于他的懒惰，他经常成功地让自己成为众人关注的焦点，因为父母会觉得有必要多花些时间来陪伴他。想一想有多少孩子为了争取别人的关注而不惜一切代价努力往前挤，我们就会明白为什么会有一些孩子能想到另一招儿，即通过懒惰，遇事就往后退，来吸引别人的关注。

然而，这并不是心理学对懒惰的全部解释。许多儿童采取懒惰的态度还有一个目的，那就是使自己的处境更舒适。他们表面上的无能和无所作为总是被归因于懒惰，因此，很少有人去指责他们的无能。相反，他们的家人通常会说："如果他不犯懒，他什么事不能做？"孩子们也乐于接受这种评价，即只要他们不偷懒，就什么事都能干成。这对那些缺乏自信的孩子来说，简直就是一贴抚慰心灵的膏药。它是成功的替代品，不仅对儿童如此，对成年人也是如此。

这种误导性的"如果"句型——"如果我不懒，那我什么事不能做"抚慰了他们的挫败感。当这样的孩子真的做了一点小事情，取得了一点小成绩，在他们的眼里都会显得格外重要。这点小成绩与他们之前的无所作为形成了鲜明的对比，因此他们会受到大力表扬，而那些一直很积极、很努力的孩子，即使做出了更大的成绩，也不会得到更多的表扬。

由此可见，在懒惰中还隐藏着一种不为人知的策略上的权衡。懒惰的孩子就像走钢丝绳的表演者，因为钢丝绳下面有安全网，所以即使摔下去，也不会摔得太狠。对懒惰孩子的批评总是比对其他孩子的批评更温和一些，会更少地伤害到他们的自尊心，毕竟被人说成懒惰要比被人说成无能好过得多。简而言之，懒惰就像一块掩盖着儿童自信心不足的遮羞布，阻止着他们去尝试解决其所面对的问题。

如果我们研究一下目前的教育方法，就会发现它完全迎合了懒惰孩子的愿望，可谓正中其下怀。人们越是责备一个懒惰的孩子，就越符合这种孩子的期待，因为总得有人把全部时间花在他的身上。而且没完没了的责骂也转移了人们的注意力，人们不再关注他能力的不足，这正好遂了他的愿。惩罚也同此理。那些认为通过惩罚就能治好孩子懒惰的老师们总是会很失望，即使是最严厉的惩罚也不能让懒惰的孩子成为勤奋的孩子。

如果这种儿童发生了转变，那一定是由于处境的改变带来的，比如在某件事上获得了一次意想不到的成功，又比如他的新老师更加温和，更能理解孩子。新老师会真诚地和他交谈，给他新的勇气，而不是继续夺走他仅剩的那一点点勇气。在这种情况下，从懒惰到积极的转变，有时会出人意料地突然。因此我们发现，有一些在上学的前几年学业落后的孩子，一转到新的学校之后，就马上表现出异乎寻常的勤奋，这正是学校环境的改变所导致的。

还有些孩子，他们不是靠懒惰，而是靠装病来逃避有益的活动。另一些孩子会在考试的时候表现得异常地紧张不安，因为他们觉得，他们会因为神经紧张而得到老师的额外照顾。爱哭泣的孩子也有同样的心理倾向：哭泣和紧张不安，都是在恳求额外的关注。

还有一些孩子，其心理类型也可与上述儿童归为一类。这些孩子需要特别考虑，因为他们往往都有某种身体缺陷，比如口吃。那些与小孩子打交道很多的人会注意到，几乎所有的孩子在开始说话时都有轻微的口吃倾向。我们知道，有许多因素都会促进或者阻碍儿童言语能力的发育，其中社会情感程度的影响最大。那些具有社会情感或者说社会意识较强的孩子以及愿意和同伴交往的孩子，要比那些不愿意和别人交往的孩子学说话更快、更容易。在某些情况下，说话甚至变成了一种多余的活动；例如，有的孩子受到过分的保护和娇惯，以至于他的每一个想法和愿望在还没来得及说出口之前，就被大人们预测到并给予满足了（就像我们对待聋哑儿童一样）。

如果孩子到了4、5岁还没有学会说话，父母们就会开始担心孩子是否是聋哑。但他们很快就发现孩子的听力相当好，这当然就排除了聋哑的假设。而另一方面我们观察到，有些孩子实际生活在这样一种环境里，在这个环境中说话是多余的。如果每样东西都是由父母主动奉送给孩子，就像我们常说的"衣来伸手，饭来张口"，那么孩子就不会有说话的动力，要到很晚的时候才能学会说话。言语是一个儿童追求优越的指征，也是他成长方向的指征。儿童需要通过言语来表达他对优越的追求，这种表达要么是为了取悦家人，要么是为了满足自己的需求。如果言语在这两个方面都没有表达的机会，那么我们自然可以预见儿童在言语发育上就会出现困难。

还有其他的一些言语缺陷，比如有的儿童会在某些辅音的发音上有困难，如 r、k 和 s 这三个辅音，这些缺陷其实都是可以治愈的。因此有如此多的成年人依然口吃、口齿不清或说的话令人费解，这实在是有些不同寻常。

大部分孩子长大以后就不再口吃，只有小部分需要治疗。从下面这个 13 岁男孩的案例中，我们可以了解治疗过程的概貌。这个男孩 6 岁的时候开始接受医生的治疗，治疗持续了一年，但没有成功。之后在没有专业治疗的情况下过了一年。第三年，另外一个医生的治疗还是失败了。第四年，什么也没做。在第五年的头两个月里，他被托付给一位言语医生，结果其口吃情况还加重了。过了一段时间，他被送到一个专门治疗言语缺陷的机构。治疗持续了两个月，并且成功了，但六个月之后又复发了。

接下来的八个月里，又有一位言语医生来治疗。这一次，状况非但没有任何改善，反而渐趋恶化。于是便又请了一位医生，但也没有成功。第二年夏天有所改善，但在假期结束时，他又回到了老样子。

大部分治疗方法，都不外乎大声朗读、慢速说话，以及各种练习等。结果发现，某些形式的刺激确实能带来暂时的改善，但随后又会复发。这个男孩没有器质性缺陷，尽管在很小的时候，他曾从二楼摔下来，导致脑震荡。

这个男孩的老师认识他有一年时间了，他形容这孩子"有教养、勤奋、容易脸红、有点暴躁"。老师说，法语和地理对这个男孩来说是最难的两门功课。考试的时候，他会特别紧张。在他的爱好中，老师注意到他喜欢体操和运动，也喜欢技巧性的工作。这个男孩在任何方面都没有表现出领袖气质，他和同学们相处得很好，但偶尔会和弟弟吵架。他是左利手，一年前得过右脸的面瘫。

我们再来看看他的家庭情况。他父亲是一个商人，脾气暴躁，儿子一旦口吃，他就会严厉斥责，尽管如此，这个男孩更怕的还是他母亲。他家里还有一位家庭教师，因此他很少有机会能出门。现在他甚至有点怀念当初这种没有自由的日子。此外，他还认为母亲不公平，因为她偏爱弟弟。

基于以上事实，我们对这个男孩的状况可以给出如下解释：男孩总是容易脸红，这是他不得不与人交往时，情绪过于紧张的征象。可以说，容易脸红与他口吃的习惯也很有关系。即使是他喜欢的老师也不能成功地治好他的口吃，因为口吃已经嵌入他的身体系统，也是他对别人普遍感到厌恶的一种表现。

我们知道，口吃的原因不在外部环境，而在于口吃者感知外部环境的方式。他的易怒性格在心理学上有重要意义，这表明他并不是一个消极被动的孩子，他也追求优越和渴望得到别人的认可，只不过其表现为易怒，大多数性格软弱的人都会这样。信心不足的另一个证据是他只跟比自己小的男孩吵架。他在考试前会激动紧张，这表明其紧张情绪在增加，因为他害怕自己考不好，并且觉得自己的能力不如别人。他有强烈的自卑感，自卑感把他对优越的追求引向了无益的方向。

由于在家的处境还不如在学校里舒服，所以这个男孩很乐意去上学。在家里，弟弟占据着舞台的中心。他口吃的原因不是器质性创伤或者受过惊吓，但这种创伤或惊吓可能对他丧失了勇气有一定的影响。弟弟把他排挤到了家庭系统的边缘位置，这点对他的影响更大。

还有一件事同样重要，那就是这个男孩在 8 岁之前一直患有遗尿症（尿床）。这种症状大多只出现在那些最初被娇生惯养宠坏了，后来又失宠的孩子身上。尿床无疑表明，即使在晚上他也还在争取着母亲的注意。这种迹象表明，这个孩子无法接受独处，必须有人陪伴。

这个男孩可以被治愈，方法是鼓励和教会他如何变得独立。给他一些他能够胜任的任务让他完成，并以此增强他的自信心。这个男孩承认，弟弟的出生让他很不高兴，我们必须让他明白嫉妒心是如何使他误入歧途的。

关于伴随口吃的症状，还有很多值得探究。比如我们想知道，口吃者在情绪激动的时候发生了什么。很多口吃者在生气骂人的时候说话非常顺畅，一点也不会口吃。此外，一些年龄较大的口吃者在背诵文章或谈情说爱时，也经常口若悬河，流畅无比。这些事实表明，关键性的因素在于口吃者与别人的关系。关键时刻就是必须面对、无法逃避的时刻，换句话说，当儿童不得不与他人建立联系，或者不得不通过言语来表达自己的时候，他说话才会紧张，才会口吃。

如果一个孩子毫无困难地学会了说话，当然没有人会在意他究竟是怎么学会的。但是，当孩子说话出现困难时，家人就会将全部注意力放到这个口吃的孩子身上，而顾不上其他事情了。这个家庭完全专注于这个孩子，其结果就是孩子也会把过多的注意力放在自己的说话上。他开始有意识地控制自己的语言表达，而说话正常的孩子是不会这样做的。我们知道，有意识地控制身体本该自主运行的功能，只会限制那些功能的正常发挥。奥地利作家梅林克在其童话故事《蟾蜍的逃脱》中给出了一个很好的例子。有一只蟾蜍，遇到一只千足虫，便立刻开始夸赞它了不起。蟾蜍问道："你能告诉我，在你的一千条腿中，最先迈的是哪一条吗？其余的九百九十九条腿，你又是按什么顺序迈步的呢？"于是千足虫开始思考，并开始观察自己各条腿的运动情况。当它试图有意识地去控制自己的腿时，竟然一条腿也无法动弹了，它把自己给整糊涂了。

虽然有意识地控制好我们的人生道路很重要，但试图细化控制到每一小步却是有害的。只有当我们能够让身体挥洒自如，才能创造出好的艺术作品。

尽管口吃对儿童未来的成长可能会有灾难性的影响，尽管在养育口吃儿童的过程中伴随着诸多明显的不利因素（家人要给予孩子特别的同情和特别关注，这对孩子的成长不利），但仍有很多人在寻找各种借口逃避治疗，而不是积极寻求解决之道。父母和儿童都有这样的情况，可能他们都对未来没有信心。尤其是，儿童满足于依靠别人，并通过口吃这一表面上的劣势来维持他们实际上的优势。

表面上的劣势常常可以转化为优势，这在法国作家巴尔扎克的一部小说中有精彩体现。故事讲述了两个商人，在生意中都想占到对方的便宜，当他们开始讨价还价时，其中一个人突然口吃了。另一个人心里一惊，马上意识到对方说话突然变得结结巴巴是为了给自己争取时间来琢磨，于是他也赶紧想招儿。突然，他把自己的耳朵整不灵了，装作听不清对方说话。这下子，口吃者又处于不利地位了，他必须竭尽全力大声喊好几遍，对方才能听清楚他在说什么。这样，你来我往，两个商人之间的平等地位得以重新确立。

尽管口吃者有时会利用口吃来为自己赢得时间或让别人等待，我们也不应该像对待罪犯一样对待他们。对口吃儿童，应该多多鼓励，并温柔以待。只有通过友善的启发并增加儿童的勇气，口吃才能被有效治愈。

第五章

自卑情结

追求优越和自卑感，这两者在每个人的身上都同时存在。我们之所以努力追求就是因为感到自卑，并且我们通过卓有成效的努力追求来克服我们的自卑感。但自卑感并不会给心理带来重大影响，除非发生了以下两种情况：一是努力追求的有效机制受到了阻碍，二是身体的器质性缺陷引起的心理反应达到了让人无法承受的程度。于是，自卑情结就会出现。所谓自卑情结，即是一种异常的、过度的自卑感。自卑情结必然需要得到轻松廉价的补偿和自我欺骗性的满足，与此同时，它会夸大困难、降低信心，从而阻碍成功的道路，让人难以有所作为。

　　在这方面，让我们再来思考一下那个 13 岁口吃男孩的例子。正如我们所看到的，没有自信是他持续口吃的部分原因，而反过来，口吃又加重了他的不自信，这是神经质类型自卑情结典型的恶性循环。男孩想把自己隐藏起来，他已经放弃了希望，甚至还可能有过自杀的念头。这个男孩的口吃已经成为他生活模式的一种表达形式和延续方式。口吃是他留给周围人的特定印象，使他成为人们关注的中心，并且缓解了他心理上的不安。

　　这个男孩给自己设定了一个有点过高，而

且也是错误的目标，那就是他想在这个世界上有所作为，取得成就。他总是在努力获取声望，因此他必须表现得心地善良，能够与他人和睦相处，做事井井有条。其中最重要的一点是，他觉得万一遭遇失败，自己必须得有一个下台阶的借口，而这个借口就是口吃。所以说，这个男孩的例子特别有借鉴意义，因为在多数情况下他的生活方向还是有益的，仅仅在一个环节上，其判断力和信心有所不足。

当然，对那些灰心丧气的儿童来说，口吃不过是他们手中无数防身武器中的一种，当他们觉得单凭自身能力无法取得成功时，就会拿出来使用。失去自信的儿童手中的这些武器，就好比大自然赋予动物的防卫手段，例如爪子和犄角。显然，儿童采用这些防卫手段是由于无力和绝望，因为若不采用这些外部手段，他们就无法应付生活。值得注意的是，可以被派上用场的武器是多么五花八门。有些孩子什么别的武器都不用，就专门使用一招儿，让自己的大小便失禁。这表明他们不愿离开襁褓时期，即一个人可以什么事情都不做，什么痛苦也没有的那种状态。这类儿童很少真有器质性的肠胃问题或膀胱问题，他们不过是把这种事当作一个伎俩，目的就是为了唤起父母或教育者的同情心，即使这种难堪的事有时会招来小伙伴们的嘲笑也在所不惜。因此，这种大小便失禁的表现不应被当作一种疾病，而应视为一种自卑情结的表达方式，或者一种危险的追求优越的表达方式。

我们可以想象，这个男孩的口吃是如何一步步发展起来的，最初很可能是源于一个很小的生理问题。男孩一开始是家中独子，有很长一段时间，他母亲的注意力全部放在他的身上。随着他的长大和弟弟的出生，他可能会觉得自己得到的关注不再足够，自己的表达也没有充分展示的机会，所以他发现了一个新招数来吸引别人的注意。口吃这招儿显得特别管用，他注意到他一跟别人说话，别人就会注视着他的嘴巴。他借助口吃为自己争取到了一些时间和关注，不然这些时间和关注就会给他弟弟了。

在学校里也不例外，有一个老师不得不把大部分时间花在他身上。于是，口吃让他在家里和学校里都找到了优越地位。与那些受老师喜爱的好学生相比，他得到的关注一点也不少。毫无疑问，他也算是个好学生，但不管怎样，什么事情对他来讲都变得比别的学生容易多了。

不过，尽管这个男孩的口吃会让老师对他比较宽容，但这种做法并不可取，因为如果他所得到的关注没有达到他的期望值，这个男孩就会比其他孩子更容易伤心。随着弟弟出生，成为家庭的一员，要继续争取他人关注的想法成了这个男孩的痛苦负担。与正常的孩子不同，他从未被培养出关心他人的能力，他把母亲视为家庭环境中唯一最重要的人，其他人都不在他眼里。

要着手治疗这类儿童，一开始必须增加他们的信心和勇气，使他们相信自己的力量和能力。要以同情的态度与这些儿童建立友好关系，而不是用严厉的措施恐吓他们，但这还远远不够。我们必须还要利用这种友好关系来鼓励儿童，让他们不断自己取得进步。而要做到这一点，就必须使孩子更加独立自主。要通过各种手段，让儿童对自己的心理能力和身体能力都产生信心。必须让儿童彻底相信，他们目前还没有得到的东西都可以通过勤奋、毅力、实践和勇气来获得。

在儿童教育中，最糟糕的错误就是父母或教育者对误入歧途的儿童做出不好的预言。这种愚蠢的预言会使情况无限恶化，因为它增加了儿童的怯懦感。相反，我们应该用乐观的态度鼓励孩子。正如古罗马诗人维吉尔所言："他们之所以能行，是因为他们相信自己能行。"

即使我们有时看到，有些孩子似乎会因为害怕被嘲笑而改变他们的行为，我们也决不能认为，可以通过贬低或羞辱来真正地影响一个孩子，使其改善行为。从下面的例子就可以看出这种激将法有多不靠谱。有个男孩因为不会游泳而经常被伙伴们取笑。最后，他再也无法忍受别人的嘲笑，于是就从泳池的跳板上跳进了深水里。人们费了好大劲把他救上来，他才没被淹死。一个怯懦的人在有可能失去声誉的时候会做一些事情来抗衡自己的懦弱，但通常来说都是不合理的行为。正如我们从刚才所引用的案例中看到的那样，这往往是在用一种怯懦且无益的方式来抗衡原本的懦弱。这个男孩真正的懦弱在于他不敢承认自己不会游泳，因为如果他承认了，就会在伙伴们面前丢脸。不顾一切地跳进水里并没有让他克服自己的懦弱，反而强化了他不敢面对事实的怯懦倾向。

　　懦弱这种人格特质总是在破坏人与人之间的关系。一个儿童如果总是忧虑自己，无暇关心他人，那么他就会总想着以贬低同伴来获得自己的尊严。因此，随之而来的就是一种个人主义争强好斗的态度。这种态度瓦解了社会情感，但远远无法消解对别人的看法的恐惧。懦夫总是害怕被人嘲笑，被人忽视，被人贬低。因此，懦夫总是受别人看法的支配。他就像一个生活在敌对国家中的人，养成了怀疑、嫉妒和自私的性格特征。

　　这种懦弱型的孩子经常会成为爱挑剔和爱找碴的人，不但不愿意赞扬别人，而且如果别人被表扬了，他们还会生气。因此，当一个人想通过贬低他人而不是通过自己的成就来超越他人时，这就是一种软弱无能的表现。消除孩子对他人的敌意是教育者的任务，认识到这些症状的教育者必须采取行动。当然，没有认识到这一点的人无须受到责备，但他也永远不会知道如何去纠正那些由此产生的不良性格特质。但如果我们知道，关键问题就是要让孩子与世界和解，与生活和解，告诉他错在哪里，向他解释他的问题在于既想要尊严、声誉又不想付出努力，那么我们也就知道了对孩子的教育方向。我们知道，必须加强孩子们彼此之间的友好感情。我们还知道，必须教育孩子不要因为别人得了不好的分数或做了什么错事就瞧不起别人，否则会让对方形成自卑情结，会夺走对方的勇气。

如果一个孩子对未来失去了信心，他就会脱离现实，其补偿性的努力也会转向无益的方面。教育工作者最重要的任务，或者也可以说是最神圣的职责，就是要确保没有一个孩子在学校里失掉信心，并确保那些在进入学校时就已经失去信心的孩子也能通过学校和老师重拾信心。这也与教育工作者的使命相辅相成，因为如果一个孩子对未来没有憧憬和喜悦，那么对他的教育也就无从谈起。

还有一种类型的信心不足，它持续的时间比较短暂，尤其易发生在雄心勃勃的孩子身上。尽管他们正在取得进步，有时却会突然失去希望，因为他们已经通过了在学校里的最后一次考试，现在必须面临职业选择了。还有一些雄心勃勃的孩子，往往会在考试没有名列前茅的时候一度放弃努力。酝酿已久的冲突在不知不觉中突然爆发，可能会表现为神志不清或者焦虑神经症。如果信心的丧失得不到及时纠正，那么这样的孩子做事就会总是有始无终。他们长大后会频繁地更换工作，觉得自己做的任何事情都不会有好结果，而且总是害怕失败和挫折。

孩子的自我评价是最重要的。然而，想要通过找孩子问话得知他们对自己的真实看法却是不可能的。无论我们的问话多么委婉巧妙，都不可能得到确切答案。有的孩子会说他们自我感觉良好，有的孩子会说自己一无是处。对后一种孩子的调查往往发现，周围的成年人对他们说过数百次"你就是个废物"或者"你真笨"这样的话。

没有几个孩子能在听到如此尖锐的指责之后不受到伤害。不过，也有一些儿童会通过贬低自己来保护自己的自尊。

既然无法通过问话得知儿童的自我评价，那么我们可以通过观察其对待困难的方式来获取。难题面前，他是自信满满、果断前行，还是犹犹豫豫、退缩不前，后一种迹象常见于缺乏自信的孩子。这可以通过下面这个例子被形象地展示出来：一开始，一个孩子勇敢地向前走去，但当他接近任务时，脚步就慢了下来，而且越接近任务越是犹豫，最后在离真正接触到任务还有一段距离之前，就完全止步了。这样的孩子有时被描述为懒惰，有时被说成是心不在焉。虽然描述可能不同，但结果总是一样的。这类孩子不会像我们对正常人的期待那样去对待他们的工作，在他们眼里，事事都是困难，处处皆为障碍。有的时候，一个孩子能成功地愚弄他的长辈，让大人们误以为他是能力不足。如果我们能把整个情景考虑进去，并用个体心理学的观点加以理解，我们就会发现，整个问题的根源在于儿童缺乏信心，即他们低估了自身的价值。

当思考人在追求优越时误入歧途这个问题的时候，我们不应该忘记，完全以自我为中心的个体是社会的异类。我们经常看到一些孩子，由于过分追求优越而从不考虑别人。他们充满敌意、违反法律、贪婪、自私。一旦他们掌握了一个秘密，就会用它来伤害别人。

但是，即使在这些行为最可恶的孩子身上我们也能看到一种毫无疑问属于"人"的特性，即他们的内心某处有一种渴望自己是人类一员的感觉。他们的自我与周围世界的关系也在以某种方式暗示或表达着，只不过其生活风格离与人合作的观念越远，其社会情感就越难被发现。我们必须找出能揭示他们隐藏的自卑感的各种表现形式。自卑感的表现形式有很多。从一个孩子的眼神就可以发现端倪。眼睛不仅是接收和处理光线的器官，还是社会交流的器官。一个人看别人的眼神会显示出他与别人交往之意愿的强烈程度，这就是为什么所有心理学家和作家都如此强调人类的眼神的原因。我们都是通过别人看我们的眼神来判断他们对我们的看法，我们也都想从别人的眼神中去一探他们的心灵深处。尽管这可能会犯错误或产生误解，但从一个孩子的眼神中去判断他是否友善，还是比较容易做到的。

众所周知，那些不敢直视大人目光的孩子令人怀疑。这并不是说，这些孩子都心术不正或有不当的性癖。这种眼神回避可能只是表明他不想让自己与另一个人产生联系，哪怕时间再短也不想，这暗示这个孩子不愿合群。当你叫一个孩子过来时，他与你保持的距离远近也是一种暗示。许多孩子都会先与你保持一定的距离，看看情况，只在必要时才会走近你。他们对近距离接触保持怀疑和警惕，这是因为他们曾有过一些不愉快的经历，便以偏概全，把片面的认知误用到一切场合。某些孩子要么愿意依偎在母亲身旁，要么愿意依偎在老师身边，这观察起来也是件有趣的事情。孩子更愿意亲近的那个人，要比他们嘴里说的最爱的那个人更重要。

有些孩子，他们走路的姿势、挺直的身板、昂扬的头颅、坚定的话语和无畏的神情，无不透露出明显的自信和勇气。而有一些孩子，在别人跟他们说话的时候则会畏畏缩缩，立刻表现出他们的自卑感以及对无法应对局面的恐惧。

在研究自卑情结的过程中，我们发现许多人相信自卑情结是与生俱来的。这种说法是不对的，因为任何一个孩子，无论他多么勇敢，都会有所畏惧。父母胆小，孩子很可能也会胆小，但这并不是因为他遗传了父母的胆小，而是因为他是在充满恐惧的环境中长大的。家庭的氛围和父母的性格在孩子的成长过程中是最重要的。在学校里喜欢独来独往的孩子，多半来自那些与他人联系很少或完全不联系的家庭。当然，这种情况很容易诱使我们想到性格的遗传，但这已被证明是不靠谱的理论。身体器官或大脑的任何生理性变化都不会导致一个人无法与他人交往。不过，某些情况虽然不一定会迫使一个人必然采取与人疏离的态度，但可以让我们更容易理解他为什么会有这种个性特点。

有一个最简单的例子，能让我们在理论上解释这个问题。一个出生时就有器质性缺陷的体弱多病的男孩，已经有很长时间因病痛和体弱而饱受生活的折磨。这样的孩子自顾不暇，只会想着自己，并把外部世界看成是冷酷无情、充满敌意的。另一个不利因素是一个体弱多病的孩子必须有人照顾才会生活得容易些，他需要一个能把全部身心奉献给他的人，而正是这种奉献和保护的态度，让这个孩子形成了强烈的自卑感。儿童与成年人在体形上和力量上的明显差距让他们本来就有一种相对的自卑感，再加上大人们常常对儿童说："小孩子只需要乖乖地被大人照顾，不要多嘴。"于是这种"弱小"的感觉便被进一步强化了。

所有这些印象都会使儿童更加真切地认识到自己处于不利地位这一事实。当意识到自己比别人更小、更弱时，他发现自己无法接受这一点。这种"弱小"的意识对他的刺激越强烈，他就会愈发努力去变得更强大。他会加倍努力以求得到别人的认可。但是，他没有想办法去照此安排自己的生活，与身边的人和谐相处，反而另辟蹊径，"只为自己着想"。这就是那种独来独往，不爱与人打交道的孩子。

我们可以有把握地说，大多数体质羸弱、腿有残疾或相貌丑陋的孩子，都有强烈的自卑感。这种自卑感会表现为两个极端，在别人跟他们说话时，他们要么畏缩胆小，要么咄咄逼人。这两种行为形式看起来截然相反，但其根源却可能一模一样。这些孩子在争取别人认可的过程中，有时说话太少，有时说话太多，这刚好暴露了他们的自卑感。他们的社会情感要么是无效的，因为他们对生活已不抱任何期望，认为自己不能有所作为；要么他们会为个人目的而滥用这种社会情感，因为他们想成为领导者和英雄，永远处于中心地位。

如果一个孩子多年来一直习惯在错误的方向上纵容自己，我们就不能指望通过一次谈话改变他的行为模式，教育者必须要有耐心。如果孩子有意尝试改善，但积习难改，偶尔还会回归老样子，这个时候应该给他解释一下，告诉他改善不会一蹴而就，这样做能让孩子放松心情，不至于灰心丧气。如果一个孩子已经两年没学好数学，就不能奢望他在两周内学会并赶上来，但他总归会逐步提高数学成绩，这是毋庸置疑的。一个正常的孩子，换句话说，一个有勇气、有信心的孩子，什么都能改好。我们一次又一次地看到，孩子能力的缺失是由于其成长过程发生了偏差，其整体人格的形成过程是反常的、压抑的和粗鄙的。只要那些行为有问题的儿童没有智力上的缺陷，我们总有办法能帮助到他们。

能力欠缺或者看上去有些愚钝、笨手笨脚、冷漠呆滞，都不足以证明一个儿童有智力缺陷，因为智力有缺陷的儿童，一定会有证明其大脑发育不良的生理症状出现。这种生理缺陷可能是由影响大脑发育的腺体引起的。有时候，人的某些生理缺陷会随着时间的推移消失，而遗留下来的只是最初的生理缺陷在心理上的伤痕。换句话说，一个原本因为生理缺陷而虚弱无力的儿童，即使在身体恢复健康之后，可能依然在行为上表现得虚弱无力。

需要进一步说明的是，儿童心理上的自卑和以自我为中心的态度，不仅可能是由过去的器质性缺陷和身体羸弱所造成的，也可能是由一些与身体器质性缺陷八竿子打不着的因素所造成的，这些因素可能是营养状况不佳、错误的养育方式或者缺少关爱、过于严苛的管教。这种情况下，儿童的生活注定是一个惨剧，他也会因此对周围环境采取仇视态度。这些因素对儿童精神生活造成的困扰与身体器质性缺陷造成的影响相比，虽然不能说完全一样，但也差不了多少。

可想而知，要治疗那些在缺乏关爱的氛围中长大的孩子，我们将面临很大困难。他们会像看待所有伤害过他们的人那样看待我们，每一次督促他们上学都会被视为一种压迫。他们总是感到被束缚着，一旦有机会，他们就想着反抗。他们也无法对伙伴们采取正确的态度，因为他们羡慕那些童年比自己更快乐的孩子。

这些心怀怨恨的儿童往往会发展出喜欢妨害他人生活的人格特征。他们没有足够的勇气来克服自己的处境，反而会试图通过压迫弱小或对他人表面上的友好来显示优越，以补偿自己权力的缺失感。然而一旦他人不再愿意继续被他们支配，这种表面上的友好立刻就会烟消云散。很多儿童到了只和境遇比自己更糟的人交朋友的地步，就像有些成年人特别喜欢与生活不幸的人交往一样；又或者，他们会更喜欢比自己年龄小和比自己穷的孩子。这种类型的男孩子有时候也会喜欢特别温柔、特别顺从的女孩子，而且这种喜好与性无关。

第六章

儿童的成长：如何避免自卑情结

如果一个儿童花了很长时间才学会走路，但学会之后就能立刻正常行走，那么这个儿童在未来生活中不一定会产生自卑情结。然而我们知道，如果一个儿童的心理发育不那么正常，那么他身体上的任何行动不便都会强烈刺激到他。他会觉得自己的处境不快乐，也很可能从中得出悲观的结论。尽管最初的身体功能缺陷后来都治愈了，但这些缺陷还是会支配他以后的行动。有许多曾经患过佝偻病的儿童，虽然治好了，但身体上仍会残留这种疾病的痕迹：罗圈腿、手脚笨拙、胸膜炎、头部有些畸形（方颅）、脊柱弯曲、踝关节粗大、关节无力、体态不雅等。而残留在精神上的则是他们在患病期间形成的挫败感以及由此产生的悲观倾向。这样的儿童看到他的伙伴们行动轻松自如，就会深感自卑。他们会贬低自己，并走向两个极端，要么完全失去信心，几乎不再做任何进步的努力；要么会被自身的困境所刺激，不顾自己身体残疾，拼命追赶那些身体正常的小伙伴。显然，儿童还没有足够的才智来对自己的处境做出正确的判断。

事实上，影响儿童成长的决定因素既不是其自身的固有能力，也不是外部的客观环境，而是儿童如何理解外部现实，以及如何理解自己与外部现实之间的关系。一个儿童与生俱来的潜在能力不是最重要的，成年人对儿童处境的看法也不那么重要。重要的是，我们要能用儿童的眼光去看待，并且能用儿童的错误看法去解读儿童的处境。我们不能期望儿童的行为总是合乎逻辑的，也就是说，符合成年人的常识理性，但我们必须能随时意识到，儿童在理解自己的处境时会产生错误。的确，我们必须记住，如果儿童都不会犯错，那么儿童教育也就无从谈起了。如果儿童犯的错都是天生的，那么我们也就不可能教育他们或让他们改善了。因此，那些相信性格特质都是天生的人是不能也不应该去教育儿童的。

健康的心灵总是需要健康的身体——这话并不对。如果一个孩子在有身体缺陷的情况下还能勇敢面对生活，那么就有可能在一个生病的身体中也存在着一个健康的心灵。反过来，如果一个孩子虽然身体健康，但一些不幸的境遇导致其对自己的能力产生了错误判断，那么其心灵也不会健康。任何一项任务的失败都会使一个孩子认为自己无能，因为这些孩子对困难过于敏感，把每个困难都看作是自己缺乏能力的证据。

除了有行动上的困难，有些孩子学习说话也有困难。学习说话通常应该伴随着学习走路。当然，这两者实际上没有联系，只是二者都取决于儿童的养育方式和家庭环境。一些本来说话不会有困难的孩子，因为家人的疏忽，没有得到及时帮助，而未能学会说话。显然，任何不聋不哑且发声器官完好的孩子都应该在相当小的年龄就学会了说话。不过，在某些情况，尤其是在有严重视觉障碍的情况下，孩子说话会比较晚。在另一些情况下，父母溺爱孩子，代替孩子说出了他想说的一切，而不是让他自己尝试表达，这样的孩子就需要很长时间才能学会说话，乃至我们有时都会以为他聋了。当一个孩子终于学会了说话，他对说话的兴趣就会变得特别强烈，以至于在长大后往往会成为演说家。德国作曲家舒曼的妻子克拉拉·舒曼（著名德国女钢琴家）直到4岁才开始说话，到8岁时还说得不是那么好。她脾气有点古怪，性格内向，喜欢待在厨房里。我们可以猜测，她喜欢待在厨房是因为那里没人打扰她。"这事也真是奇怪"，她的父亲说道，"没想到，这种明显的心理失调竟会是一段如此美妙和谐的生命的开端！"这也是一个过度补偿的例子。

人们必须留心，要保证聋哑儿童都能受到特殊教育，因为完全失聪的情况越来越少见。不管一个孩子的听力有多大的缺陷，他微弱的听觉能力都应该被不遗余力地予以发展和培养。德国罗斯托克市的卡茨教授已经证实，他能够训练那些被认为没有乐感的孩子，使其能充分欣赏音乐和声音之美。

有的儿童，学校的大部分科目都学得不错，只是其中一门很差，这一门往往是数学，因此，人们有时会怀疑他们是否智力有点低下。算术没学好的儿童往往是因为曾经被这门学科吓倒过，所以在尝试解决它时失去了信心。有些家庭，尤其那些艺术家的家庭，还以不会算术为荣。此外，人们普遍认为数学对女孩来说比对男孩更难。这一看法是错误的。有许多女性成为了优秀的数学家和专业的统计学家。在学校里，女生经常会听到有人说"男生比女生更擅长计算"，这种言论会打击女生的信心。

儿童是否能够掌握数字具有重要的指征意义。数学是为数不多能给人以安全感的知识领域之一。它是一种思维操作，可以让周围的一切纷乱繁杂归于数字，变得明晰而确定。心神不定、有强烈不安全感的人，通常不擅长算术。

其他科目也是如此。写作，可以把只有自己内在意识听得见的声音诉诸笔端，这会给人以安全感；绘画，可以把稍纵即逝的视觉印象永久留存；体操和舞蹈，是对身体安全感的一种表达，而通过对自己身体的自如掌控，也使个体得以获得些许心理上的安全感。也许，这就是为什么有那么多的教育者如此坚定地相信体育运动会给儿童带来好处的原因。

儿童自卑感的一个显著表现就是学习游泳有困难。如果一个孩子能够很容易就学会游泳，那么就表明他也能克服其他困难。一个很难学会游泳的孩子，既对自己没有信心，也对他的游泳教练缺乏信心。值得注意的是，许多一开始学游泳有困难的孩子，后来都成了优秀的游泳者。这往往是那些最初对困难很敏感，但在最终成功的不断激励下实现了完美目标的孩子，以及那些在比赛中经常获胜的孩子。

了解一个孩子是只喜欢依恋一个人，还是对多个人都感兴趣，非常重要。通常情况下，一个孩子最依恋的就是母亲，或者如果未能取悦母亲，他就会依恋家庭中的另一个成员。除非低能者或者智障儿童，这种依恋他人的能力在每个孩子的身上都存在。如果一个孩子是由母亲抚养长大，却依恋家中的另一个人，找出原因就很重要了。当然，哪个孩子都不应把全部的情感和注意力都集中于母亲一人身上，而母亲最重要的作用也是把孩子的兴趣和对他人的信赖扩展到其伙伴们身上。祖父母在孩子的成长过程中也扮演着重要的角色，不过通常都是纵容溺爱的角色。由于老年人担心自己不再被别人需要，因而形成了过度的自卑感，结果变得要么吹毛求疵，要么慈悲心软。为了赢得孙辈们的看重，祖父母们往往不会拒绝孙辈们的任何要求。孩子们去看望祖父母时，往往也会被宠坏，以至于他们拒绝回到自己家里，因为家里管得严。当他们回来的时候，他们会抱怨说自己家里没有祖父母家那么舒服。我们在这里提到祖父母有时在儿童的生活中所起的作用，以便教育者在考察儿童的某个特定生活方式时不要忽视这一重要事实。

佝偻病引起的行动笨拙（参见本书附录一 个体心理调查问卷的第 2 个问题）如果在很长一段时间内不能得到改善，通常表明孩子受到了过多的关心照顾，也就是溺爱。即使在孩子生病需要特殊照顾的时候，母亲也应该有足够的智慧做到关爱有度，以免扼杀孩子的独立性。

还有一个重要问题，即孩子是否给大人制造了太多的麻烦（个体心理调查问卷的第 3 个问题）。如果答案是"是"的话，那么就可以肯定母亲对孩子过于溺爱了，她没能建立孩子的独立自主性。这些麻烦通常表现在睡觉和起床、吃饭和洗漱，也表现在做噩梦或遗尿（尿床）。所有症状都表明孩子在试图吸引某个人的注意。这些症状一个接一个地出现，就好像孩子发现了一件又一件的新武器来吸引大人们的注意力。我们可以肯定，当一个孩子出现这种症状，就说明他的成长环境是不利的。惩罚是没有用的，而且这些孩子通常还会故意挑逗父母来惩罚自己，以表明惩罚对他们来说无效。

儿童的智力发育也是一个特别重要的问题。这个问题有时很难正确回答，有时会建议采用比奈智力测验，但这个测验结果不是一定可靠的。所有其他的智力测验方法也都一样，不应将测试结果视为在孩子的一生中都是一成不变的。一般来说，智力发育在很大程度上取决于家庭条件。条件较好的家庭能够帮助他们的孩子，身体发育良好的孩子通常也表现出心理的良好发育。不幸的是，世事的安排往往如此，那些智力发育更顺利的孩子将来注定要从事"优质工作"或更好的工作，而那些智力发育迟缓的孩子，长大后则会被分配去做技术含量较低的工作。目前有许多国家开始引入新的措施，为智力迟缓的孩子开设特别班级，班里的大多数孩子都来自贫困家庭。就我们所能观察到的情况而言，这种措施是行之有效的。由此可以得出结论，如果贫困家庭孩子的成长环境变得有利，那么他们无疑也能够与那些出生在物质条件较好家庭的幸运儿们进行有效的竞争。

另一个需要调查的重点是，孩子是否曾经成为别人嘲笑的对象，或曾因被戏弄而灰心丧气。有的孩子能扛住这样的打击，而有的孩子则会失去信心和勇气，逃避需要付出努力的、有益的事情，而把注意力转向表面功夫，这表明孩子对自己的信心已经所剩无几。如果一个孩子不断地与别人吵架，担心自己不主动进攻，别人就会攻击他，就表明周围环境对他不够友好。这样的孩子往往桀骜不驯，他们认为顺从是屈服于人的标志，礼貌回应别人的问候也是一种侮辱，因此他们对别人的回应会非常无礼。他们从不抱怨，因为他们认为别人的同情也是对他们的人身羞辱。他们从不在别人面前哭泣，有时在该哭的时候反而会笑，这看起来像是冷漠无情，但实际上，他们只是害怕表现出自己的软弱。人的所有残忍行为都源自隐藏的软弱，真正强大之人不会有残忍之心。这些桀骜不驯的孩子往往外表邋里邋遢，他们咬指甲、挖鼻孔，性格偏执倔强。对这些孩子我们要给予鼓励，也必须让他们明白，他们的种种行为不过是在向人们展示他们害怕表现出自己是个弱者。

个体心理调查问卷中的第 4 个问题，即孩子是爱结交朋友还是孤僻不合群，是领导者还是跟随者，与这个孩子跟别人打交道的能力相关，也就是说，都与其社会情感的高低或缺乏自信的程度有关。这也关乎他有服从欲还是支配欲。当一个孩子把自己孤立起来，就表明他没有足够的信心与别人竞争，也表明他追求优越的渴望如此强烈，以至于害怕自己的人格在群体中处于从属地位。如果孩子有爱收集物品的倾向，那么就表明他想要使自己变得更强大，想超越别人。这种爱收集物品的倾向是危险的，它很容易过头，最终发展为过度的雄心或极端的贪婪，因为它是内心脆弱想寻求支点的一种表现形式。如果这类孩子觉得自己被忽视或被冷落就很容易学会偷东西，因为他们比其他孩子对被人冷落更加敏感。

个体心理调查问卷的第 5 个问题是关于孩子对学校的态度。我们必须注意他上学是否会磨磨蹭蹭，是否一说起上学就会情绪激动（这种情绪激动通常是一种不愿意上学的表现）。孩子们在面对某些特定情形时产生的恐惧可能会以各种形式表现出来。比如，当有作业要做的时候，他们就会变得易怒，甚至可能出现类似心悸的症状，这是由于他们一直使自己处于紧张状态。还有一类儿童可能会出现器质上的变化，比如性兴奋。给孩子打分的制度也不值得提倡，如果没有这样的打分，孩子就不会有沉重的心理负担。对孩子来说，学校变成了某种没完没了的考试或测验，而且必须努力争取考到高分，否则，考了低分就好像受到了终极审判。

孩子在家是自愿写家庭作业还是被迫的？忘记写家庭作业意味着孩子心里想逃避责任。学习成绩不好，对功课不耐烦也是孩子逃避上学的一种手段，因为他们想要干其他的事。

孩子真的是懒惰吗？如果一个孩子功课不及格，那他宁愿别人说他是懒惰，而不是能力不足。当一个懒惰的孩子完成一项任务时会受到表扬，他会听到别人说："要是这孩子不懒，他就可以做得更好。"孩子对这种评价非常受用，因为如此一来他就会觉得不用再去证明自己的能力了。得过且过的孩子也属于这一类，他们缺乏勇气，精力不集中，总是依赖别人。属于这类的还有那些娇生惯养的孩子，他们爱扰乱课堂就是因为总想吸引别人的注意。

至于孩子对老师的态度这个问题，还真不好回答，因为孩子通常会掩饰他们对老师的真实感情。如果一个孩子不断地指责并试图羞辱他的同学，我们可以认为，这种贬损他人的倾向表明他对自己缺乏信心。这样的孩子傲慢、挑剔，并总是自以为是，这种态度其实是在掩饰他们自身的软弱。

更难应对的是那种事不关己、无动于衷、消极被动的孩子。他们并非真的感情淡漠，只不过都戴着面具。如果这些孩子被逼到失控，他们的反应通常会表现为突然暴怒或企图自杀。除非别人命令，他们从不主动做任何事情。他们害怕挫折，总是高估别人，认为别人比自己强。这类孩子必须多多鼓励才是。

那些在体育运动或体操方面表现出雄心的孩子，其实在其他方面也曾想一展风采，但一直因害怕失败而未能付诸行动。阅读量远远超过正常孩子的那些儿童往往也是缺乏勇气的，因为这表明他们希望通过读书来赢得能力。这样的孩子有着丰富的想象力，但在面对现实的时候却很胆小。同样重要的是，要留意孩子喜欢阅读的书籍类型：小说、童话、传记、游记，还是客观的科学作品。青春期的孩子很容易被色情书籍吸引，遗憾的是每个大城市都有贩卖这种出版物的书店。日益增强的性欲和对性经历的渴望也会把他们的想法引导至这个方向。为了抵御有害影响，我们应采取以下措施：帮助儿童为成人角色做好准备，在小时候就做好儿童的性启蒙教育；让儿童与父母保持友好关系。

个体心理调查问卷的第 6 个问题是想了解儿童的家庭状况，如家庭中是否有人酗酒，患神经症、肺结核、梅毒、癫痫等疾病。全面了解孩子的健康史也很重要。经常用嘴（而不是鼻子）呼吸的孩子，面容会显得傻乎乎，这是由于腺样体和扁桃体肥大阻碍了正常的呼吸通道。有必要通过手术消除这种阻碍，而且有时相信手术可以帮自己解决困难的信念会给孩子以更多的信心，使他在术后能更勇敢地面对学校生活。

家人患病往往不利于孩子的成长。患慢性病的父母会给孩子带来沉重的负担。父母如果患有神经或精神方面的疾病，会使整个家庭的气氛压抑沉闷。但凡有可能，尽量不要让孩子知道家里有人患精神疾病。精神疾病会给整个家庭蒙上阴影，而且有人还会迷信精神疾病可以遗传。肺结核和癌症给家庭带来的影响也如此。这些疾病都会给孩子留下可怕的印象，有时带孩子离开这样的家庭氛围要好得多。家庭成员的长期酗酒或犯罪倾向就像毒药，往往也让孩子无法承受。不过，要想把孩子从这种家庭带离，如何妥善安置他们又是一个困难。癫痫病人通常性情易怒，家里难得片刻安宁。但在所有这些疾病里，最糟糕的就是梅毒。梅毒患者的孩子通常体弱多病，而且也会遗传梅毒[1]，令其生活极端悲苦。

我们不能忽视这一事实，即家庭的物质条件影响着孩子的人生观。与家境较好的孩子相比，家境不好的孩子会有一种匮乏感。那些小康家庭的孩子会发现，一旦家庭经济状况开始走下坡路，生活不再那么舒适，他们就很难适应。尤其当祖父母家比自己父母家更富裕时，

1　编者注：梅毒不遗传，可以母婴传播。

这种紧张不安的感觉就会更强烈。比如彼得·根特（Peter Ghent），就始终无法摆脱这种困扰：他的祖父能力过人，地位显赫，而他的父亲则一事无成。如果父亲吊儿郎当，孩子则往往会变得勤勉上进，这也算是对懒惰无为父亲的一种抗议。

第一次与死亡意外接触的冲击力往往足以影响孩子的一生。孩子对死亡还没有做好准备，当突然面对死亡，他会第一次意识到原来生命是有尽头的。这可能会使孩子彻底失去勇气，或者至少使他变得胆小怕事。在很多医生的传记中，我们常常会发现，他们之所以选择医生这一职业就是因为小时候与死亡有过一次意外接触，这证明孩子会因意识到死亡而深受影响。让孩子们过早面对死亡是不明智的，因为他们还无法完全理解死亡是怎么一回事。孤儿或成了继子女的孩子，经常会把自己的不幸归咎于父母的死亡。

要想了解一个孩子，知道他家里是谁做主这点很重要。一般来说，家庭通常都是由父亲做主。如果一个家庭是由母亲或继母做主，可能会产生一些不好的结果，同时父亲往往会失去孩子的尊重。如果家里的一切都由强势的母亲主导，那么儿子们通常会对女性怀有某种畏惧，而且这种难以摆脱的畏惧会伴随他们一生。这类男孩成人之后，要么会躲避女性，要么会为难家里的女性。

还有必要进一步了解孩子的教养方式是严厉的还是温和的。个体心理学认为，太过严厉或者太过温和的教养方式都不足取。正确的做法是要多理解孩子，避免教育上犯错，同时要不断鼓励孩子积极面对问题，努力解决问题，以及培养他们的社会情感。父母总是唠叨挑剔对孩子是有害的，因为这样会彻底摧毁孩子的自信。而溺爱娇惯会使孩子产生依赖性，也会使孩子容易只对一个人产生依恋。父母应给孩子解释，人生既不是四季鲜花遍地，也不是长年暗夜无边。父母应该做的就是尽最大可能帮助孩子，为未来的生活做好充分准备，以便他能独立自主，自己照顾自己。没有学会如何面对困难的孩子会试图逃避每一个困难，这会导致其能动性变得越来越小。

知道是谁在负责照管孩子也很重要。母亲没有必要总与她的孩子待在一起，但她必须了解受托照看孩子的那个人。教会孩子一件事的最好方法就是让他在实践中去经历，用自我理性去领会，这样指引他行为的才不是别人给他设置的种种规定，而是客观事实的逻辑。

个体心理调查问卷的第 7 个问题是关于孩子在家庭所有兄弟姐妹中的排行位置的，排行顺序最能反映孩子的性格。独生子女是一种比较特殊的情况，家中最小的孩子、只有姐妹没有兄弟的男孩、只有兄弟没有姐妹的女孩，也属于特殊情况。

个体心理调查问卷的第 8 个问题是关于职业选择的。这是一个重要的问题，通过这个问题我们可以了解环境对孩子的影响、孩子的自信程度、社会情感以及生活风格。白日梦（个体心理调查问卷的第 9 个问题）和童年记忆（个体心理调查问卷的第 10 个问题）也同样重要。那些能够解读童年记忆的人，常常可以从中发现孩子的整个生活风格。梦境也表明着一个孩子的成长方向，表明着孩子在面对问题的时候，是去努力解决问题还是想办法逃避问题。了解一个孩子是否有言语缺陷（个体心理调查问卷的第 11 个问题）以及孩子的长相是俊美还是难看，身材是好还是不好（个体心理调查问卷的第 13 个问题）也很重要。

个体心理调查问卷的第 14 个问题：孩子是否愿意公开与别人讨论自己的处境？有些孩子习惯于夸夸其谈，以此来补偿他们的自卑感，而有些孩子则不愿说话，因为他们害怕被人利用，或者害怕因暴露自己的弱点而受到新的伤害。

个体心理调查问卷的第 15 个问题。如果孩子在某一门功课上学得很好，比如绘画或音乐，那么就要在此基础上给予鼓励，以便其在其他科目上也能取得进步。

如果孩子到 15 岁还不知道自己想成为什么样的人，则可以认为他已经失去了自信，需要进行有针对性的干预。家庭成员的职业以及兄弟姐妹之间的社会地位差异也是必须考虑的。父母的婚姻如果不和谐，也不利于孩子的成长。教师的责任就是谨慎行事，全面且准确地了解孩子及其所处的环境，并根据本书心理调查问卷中所掌握的情况来制定自己的教育措施，有针对性地帮助孩子进步。

第七章

社会情感及其养成障碍

与前面几章所讨论的追求优越相反，我们还须注意另一个倾向，那就是很多儿童以及成年人都有与他人建立联系、在与他人合作的过程中完成任务以及让自己成为对社会有用的人的愿望，这种现象可以用社会情感这一术语来描述。那么，社会情感的根源是什么呢？这是一个依然存在争议的问题。但就本书作者迄今的研究看来，社会情感这一现象是与"人"这一基本概念密不可分的。

　　或许有人会问，在哪种意义上可以说，相较于追求优越，社会情感更是与生俱来的呢？答案就是，这两者在本质上具有相同的核心，即个体对优越的追求和个体对社会的归属感都源于人的本性。这两种现象都是个体希望获得他人认可这一内在渴望的外在表现，只是形式有所不同，而不同的表现形式正好隐含着对人性的不同看法。因此，追求优越所隐含的是个体可以脱离群体而生存，而社会情感所隐含的则是个体在一定程度上需要依赖于群体。就对人性的看法来说，社会情感无疑要优于个体追求。社会情感代表了一种更加合理且更符合基本逻辑的对人性的看法。作为一种心理现象，尽管追求优越在个体的生活中更为多见，但其所代表的观点却是肤浅的。

如果我们想知道为什么社会情感对人性的看法更符合事实和逻辑，那么只需从历史的角度来观察一下人类，就会注意到人类总是群居的。如果我们可以进一步想到，那些作为个体无法保护自己的动物总是为了生存而被迫群居，那么人类群居这一事实也就没有什么可奇怪的了。我们只需把人类与狮子比较一下就会明白，人类作为动物界的一员，其实是很脆弱的，大多数与人类体形相当的动物天生就更加强壮，大自然赋予了它们更好的身体武器来进行攻击和防御。达尔文观察到，那些自身防御能力不够强大的动物总是成群结队地出没。例如红毛猩猩体格强壮，力大无比，它们往往会与伴侣独自生活，而其他体形弱小的猿类则总是群居。正如达尔文指出的那样，由于大自然没有赋予某类动物以利爪、尖牙和翅膀等身体利器，作为替代或补偿，这类动物自然形成了群居的生存方式。

　　群体的形成不仅弥补了某类动物作为个体时所欠缺的东西，而且促使它们找到了新的保护方式来改善它们的处境。例如，有的猴群懂得向前方派出侦察兵，去查看敌情。通过这种方式，他们能够发挥出集体的力量，从而不但弥补了群体中个体的能力不足，而且超过个体能力。我们还发现，水牛聚集在一起也可以成功地保护群体，抵御在个体上比它们强大得多的敌人。

　　研究这个问题的动物社会学家也指出，在这些群居的动物群体内部，我们经常发现类似于人类法律制度的组织和安排。因此，被派到前方负责侦察敌情的猴子必须遵守某些规矩，否则不管是犯了大错还是小的违纪，都会受到整个群体的惩罚。

　　这方面还有一点很有意思，有许多历史学家认为，人类最初的法律就来源于给负责族群或部落夜晚安全的守夜人所制订的各种规矩。

如果事实果真如此的话，我们就可以明白，群体意识是因为某些种类动物的个体不够强大，无法独自生存而形成的。从某种意义上说，社会意识总是身体弱势的反映，二者密不可分。因此，对人类来说，培养社会情感的最重要时机，或许就是最需要帮助以及发育十分缓慢的婴幼儿时期和儿童时期。

我们发现，在整个动物王国，没有除人类之外的任何动物在刚出生的时候是如此脆弱无助。而且，我们也知道"人类幼崽"成熟需要的时间最长。这倒不是因为"人类幼崽"在长大成人之前必须要学会很多事情，而是因为他们的成长发育方式所致。"人类幼崽"需要父母这么长时间的保护是身体发育所需，如果他们得不到这样的保护，人类就会灭绝。儿童身体脆弱，这正是把儿童教育与社会意识的培养结合起来的契机。儿童的生理还不成熟，因此对他们的教育是必要的，而要想克服儿童的不成熟，只能依赖其所在的群体，这就决定了儿童教育的目标。教育的目的要以社会群体为本，这是必须，也是必然。

在所有教育儿童的原则和各种方法中，我们必须始终秉持社会生活和社会适应的理念。不管我们是否意识到，我们总是对有益社会的事情印象更佳，而对不利或有害于社会的行为印象更差。

我们观察和判断教育上各种错误的标准只有一条，那就是我们认为这些错误会对社会产生有害影响。事实上，所有伟大的成就，以及人类个体能力的整个发展过程，都是在社会生活的压力下取得的，也都是以社会情感为导向的。

以说话为例。独居的人不需要说话。人类发展出了言语能力，这无可争辩地表明群体生活对人类来说是必要的。言语是人与人之间特有的联系纽带，同时也是人们群体生活的产物。我们只有从群体观念出发，才能理解言语的心理机制。独居的人对说话没有兴趣。如果儿童不融入群体生活的大背景，而是在封闭的环境中长大，那么他的言语能力就一定会受到阻碍。所谓说话的天赋，只有在一个人与他人建立了联系后，才能获得，并不断提高。

人们常常认为，那些比别人更善于表达的孩子更有言语天赋，然而这不是事实。说话困难或运用言语沟通有困难的孩子，往往是因为缺乏强烈的社会情感。那些没学会说话的孩子往往是被宠坏了的，因为在他们还没来得及开口说出自己的需求之前，他们的母亲就已经为他们做好了一切事情。这样一来，这些孩子就失去了与他人的联系，也失去了适应社会的能力，因为他们没有必要说话。

还有一些孩子不愿意说话，是因为他们的父母总不让孩子把一句话说完，或者不让孩子自己回答问题。还有一些孩子，因说话曾被人嘲笑或讥讽而丧失了开口说话的信心。这种没完没了的纠正和挑剔，似乎是儿童教育中普遍存在的错误做法。其造成的后果非常严重，会让儿童很多年都背负着自卑感，觉得自己能力低下。你可能注意到有一类人，他们在说每一句话之前都要加上一句套话："请大家不要见笑。"这句话我们经常听到，而且立刻就能判断出，这些人在小时候学说话时经常被人嘲笑。

有这样一个例子。有个孩子，他自己的听和说都没问题，但他的父母都是聋哑人。当他弄伤自己时，总是会不出声地哭。这是因为让父母看见他的痛苦是有意义的，但要让父母听到他的痛苦是没有意义的。

人类其他方面能力的培养，比如理解能力或逻辑思维的增长，离开社会情感也是不可想象的。一个与世隔绝、完全独自生活的人不需要逻辑，或者说至少不比其他动物更需要逻辑。反过来，一个经常要与他人打交道，在与他人的交往中必须使用言语、逻辑和常识理性的人，则必须培养出或者习得社会情感。与人交流是所有逻辑思维的终极目的。

有时候，一些人的某些行为在我们看来似乎是愚蠢的，但实际上，就他们的个人目标而言，那些行为却是相当理智的。这种情况经常发生在那些认为所有人的想法都跟他们一样的人身上。这说明在做出判断的过程中，社会情感或常识理性（common sense）这一因素是多么的重要（更不用说，如果群体生活不是这么错综复杂，没有给个体带来这么多棘手的难题，那么培养常识理性也就没有必要了）。我们也很容易想象，原始人的思想之所以一直维持在原始水平，就是因为相对简单的生存状态不会刺激他们去动脑筋深入思考。

社会情感在人类的言语能力和逻辑思考能力中起着最重要的作用，人类的这两种能力近乎神圣。如果个体在尝试解决自己的问题时全然不顾其所在的群体，或者使用只有自己听得懂的语言，那么社会就乱套了。社会情感是每个个体都可以感觉到的一种安全感，这种安全感也是个体生存的主要精神支柱。这种安全感也许并不完全等同于我们从逻辑思考和客观事实中所获得的那种确定感，但它却是那种确定感中最容易被人觉察到的部分。举个例子来说明，为什么计算和计数能被大家信任并接受，以至于我们都愿意认为只有那些能用数字表达出来的东西才算真正的事实？原因就在于数字运算更易于与别人交流，同时也更易于大脑的加工处理。对那些我们无法向别人传达，别人也无法与我们分享的事实，我们都不太相信。这一思路无疑也是柏拉图试图将所有哲学都建立在数字和数学框架之上的初衷。我们还可以从另一件事中更清楚地看到社会情感的重要性，那就是柏拉图希望哲学家们都回到"洞穴"里去，也就是说，哲学家要融入到他同胞们的生活中去。柏拉图认为，即使是哲学家，如果失去了来自社会情感的安全感，也无法正常生活。

可以说，儿童的这种安全感如果积累不足，那么在其与他人交往或不得不主动去完成某项任务时就会暴露出来。尤其是在学校，当他遇到那些需要客观判断和逻辑思考的科目，比如数学时，便会暴露得更为明显。

一个人在童年时期所形成的观念（例如道德情感、伦理等）往往是单方面的。伦理观念对于一个注定不幸要离群索居的人来讲是不可思议的。只有当我们考虑社会的利益和他人的权利时，道德观念才会出现。不过，当我们考虑审美情感（aesthetic feelings），即考虑欣赏艺术作品的个人偏好时，上述观点可能稍微有点难以令人信服。但是，即使在艺术领域，我们也能感知到一种大体一致的印象，这种一致印象可能也是基于大家对健康、力量，以及正确的社会发展方向等的理解。即使在艺术领域，虽然欣赏边界有一定的弹性，个人品味也有更大的自由空间，然而总体上来说，人们的审美观念也在顺应着社会的潮流。

如果有人向我们提出了这么一个实际的问题：怎样才能知道一个孩子的社会情感的养成程度呢？我们应该回答：可以通过孩子的若干行为表现来判断。例如，如果一个孩子在追求优越的过程中，只顾自己拼命往前钻，完全不顾他人的感受，也许我们就可以肯定，这个孩子的社会情感比那些不这样做的孩子要差。在当今社会，很难想象一个孩子对个人至上没有渴望。因此，这种孩子的社会情感通常不会得到充分的培养。这种情形就是那些人类批评家——从古至今的道德家们所经常批评的情况，即人天生就是自我的，考虑自己多于考虑他人。这种批评总是以说教的形式出现，但对儿童和成年人都起不到什么作用，因为单凭讲大道理不会有什么效果，而且人们最终都会安慰自己：大家都彼此彼此，谁也好不到哪里去。

如果一个孩子的思想观念已经变得如此混乱，乃至发展出了有害或犯罪的倾向，那么在与其打交道时我们必须认识到，再多的道德说教也无济于事。在这种情况下，更可取的做法是进一步深入探究，以便从根源上消除错误观念。换句话说，我们必须放弃法官的角色，而要以同伴或医生的角色来帮助或治疗他们。

如果我们不断地告诉一个孩子，他很差劲，他很愚蠢，那么用不了多久，他就会相信我们说的话，而且将没有足够的勇气来处理交给他的任何任务。这孩子以后无论做什么事情都将以失败告终。他认为自己愚蠢的信念也将更加根深蒂固。他哪里知道，是周围环境从一开始就摧毁了他的自信，而且在潜意识中，他也在不知不觉地配合着环境来安排自己的生活，他的一切行为都是为了证明别人对他的错误评价是对的。这种孩子会觉得自己比不上同伴，自己的能力有限，未来的潜力也有限。这种态度清晰地表明了他的沮丧心境，周围不良环境的压力有多大，孩子的心境就有多沮丧。

个体心理学试图表明，环境的影响总是可以在孩子的每一个错误中被察觉到。例如，一个乱丢乱扔的孩子，背后总是有一个随时帮他整理东西的人；一个爱撒谎的孩子，背后总是有一个专横的大人，而这个大人总想用严厉的手段来纠正孩子的撒谎行为。我们甚至可以从一个孩子爱吹牛的习惯中发现环境影响的痕迹。爱吹牛的孩子总是在寻求别人的表扬，而不是想办法去完成自己的任务。在追求优越的过程中，他们时刻想的就是获得家人对他们的赞美之词。

　　每个孩子在生活中总会有一些情况被父母忽视或不被理解。因此，家庭中如果有兄弟姐妹，那么每个孩子的处境都不会一样。老大的地位最特殊，因为在一段时间内他是家里唯一的孩子。老二无法体会到老大的这种特殊经历。老小的经历也是其他孩子体会不到的，因为老小在一段时间内是家里最小和最弱的孩子。这些情况之间又略有差别。如果两个兄弟或两个姐妹是一起长大的，年龄较大并且更有能力的哥哥或姐姐已经克服了某些年龄较小的弟弟或妹妹仍需面对的困难，两个孩子中年龄较小的那个就处于相对不利的地位，而且对此会有切身体会。为了弥补这种自卑感，他们可能会更加努力，以超过哥哥或姐姐。

　　长期研究儿童的个体心理学家通常能够判断出一个儿童在家庭中的排行位置。如果哥哥或姐姐取得了正常的进步，弟弟或妹妹就会受到刺激，更加努力地追赶哥哥或姐姐。因此，弟弟或妹妹通常会更积极主动，更有进取心。而如果哥哥或姐姐身体虚弱，成长缓慢，那么弟弟或妹妹就不必在竞争中做出太多的努力。

　　因此，确定孩子在家庭中的排行位置是很重要的，因为只有了解了这一点，才能全面了解他们。家庭中最小的孩子总是会表现出一些确凿无疑的迹象来表明他们是家里最小的孩子，当然也有例外。但最常见的一种迹象就是最小的孩子总想超越别人，因此从不安分，追赶并最终超越所有哥哥或姐姐的想法和信念总在驱使着他们采取各种行动。这些观察对儿童教育很重要，因为这些情况决定了我们该采取怎样的教育方法。对所有孩子都采用同样的教育方法是行不通的，因为每个孩子都是独一无二的。虽然根据一般原则，我们可以对儿童进行分类，但必须谨慎地把每个孩子都视为一个独立的个体。这点在学校里几乎不可能实现，但在家里却是可以做到的。

家里最小的孩子属于那种凡事都要拔尖儿的类型，而且在多数情况下总能如愿以偿。这一点特别重要，因为它大大削弱和动摇了心理特征可以遗传的观点。看到来自不同家庭的老小们彼此之间有如此多的相似之处，我们就再也没有理由相信心理遗传这种说法了。

还有另一种类型的老小，与上面描述的积极主动的类型截然相反，他们完全丧失了信心，毫无斗志。这类孩子要多懒惰就有多懒惰。我们知道，这两种类型表面上的巨大差异在心理学上是可以解释的：那些雄心勃勃想超越所有人的人，比任何人都更容易因遭受困难的打击而气馁。雄心难耐令他无法高兴，一旦困难看起来无法克服，他就会比没有他那样高目标的人逃跑得更快。这两种类型的孩子，让我们想起那句拉丁语谚语："不为凯撒，宁为虚无（Aut Caesar, aut nullus）"，或者说，要么全有，要么全无。

在《圣经》中，我们可以找到与我们经验相吻合的关于老小的精彩描述，例如约瑟、大卫、扫罗等人的故事。有人可能会问，约瑟不是还有一个弟弟本杰明吗？这点很容易反驳，因为弟弟本杰明出生的时候约瑟已经十七岁了，所以约瑟在孩提时代就算是老小。在生活中我们经常可以看到，有那么多的家庭都是靠老小支撑着的。我们关于老小的判断不仅在《圣经》中得以反映，而且在很多童话故事中也可以找到佐证。在这些童话故事里，老小总是超越了所有的哥哥姐姐。德国、俄罗斯、斯堪的纳维亚以及中国的童话故事都是如此，最后的胜利者总是老小，这绝不是巧合。大概是因为在古时，老小的角色要比今天更加鲜明突出。也许是因为在原始条件下，老小的位置更容易引起别人的注意，关于他们的事迹也就更多地被观察和记载了下来。

关于家庭里孩子的排行位置对儿童性格特征的影响，可以说的还有很多。年龄最大的孩子也有许多共同特点，他们可以分为两种或三种主要类型。

本书作者曾对这个问题做了很长时间的研究，但一直未能得到清晰答案，直到偶然读到了德国作家冯塔纳自传中的一段话。冯塔纳在书中讲述了他的父亲，一位参加过波兰对抗俄国战争的法国移民。每当他父亲读到"一万波兰人打败了五万俄国人，并使俄国人溃不成军"时，总是非常高兴。冯塔纳不明白父亲为何会这样高兴。与父亲的感受相反，冯塔纳认为五万俄国人的力量本应强于一万波兰人才对："如果不是这样，我一点也高兴不起来，因为强者就该永远是强者。"读到这里，我们可以立即得出结论：冯塔纳是家中的长子！因为只有长子才会说这样的话。长子会记得当他还是家里唯一的孩子时拥有的至高权力，而且会觉得被弟弟或妹妹夺走"王位"是不公平的。事实上，人们已经发现，长子的性格特质都偏于保守。他们相信权力，相信规则，相信绝对的法律。他们往往会坦率且心安理得地接受权威主义，对权势地位也持支持赞许的态度，因为他们自己也曾经在那样的位置上待过。

前面说过，长子中也有很多例外的类型。这里值得说说其中的一种。它涉及儿童生活中一个迄今为止一直被忽视的问题，那就是当有了妹妹时，哥哥所扮演的"悲剧"角色。人们往往只看到哥哥不知所措、灰心丧气，并认为问题都出在比哥哥更聪明的妹妹身上，而没有看到问题的实质。这种情况频繁发生并非偶然，它有一个合理的解释。我们知道，在当今文明中，人们普遍认为男人比女人更重要[1]。头胎

1　编者注：该观点仅代表那个时代的观点。

儿子经常会被娇生惯养，父母对长子的期望也很高。长子的家庭地位一直顺风顺水，直到一个妹妹突然降临。妹妹出生后所面临的家庭处境是：她有一个被宠坏的哥哥，哥哥认为她是一个讨厌的入侵者，时时处处与她争斗。

这种状况会迫使妹妹异常努力，如果她能持之以恒而不自我崩溃，那么这种刺激就会影响她的一生。妹妹一天天飞速成长，吓坏了哥哥，他突然发现所谓男性优越的传说已不复存在，哥哥失去了安全感。由于老天爷的安排，女孩子在 14 岁到 16 岁期间，无论心理上还是生理上发育得都比男孩子快，哥哥的不安全感最后很可能会发展成彻底的灰心丧气。他轻易地失去了自信，放弃了斗争，找寻各种貌似合理的理由，甚至故意给自己设置障碍，然后把它们作为放弃努力的借口。

有很多这样的长子，他们困惑、绝望、莫名其妙的懒惰或饱受神经质的困扰，原因只有一个，就是他们感到自己不够强大，无法与妹妹竞争。这类男孩有时会对女性怀有令人难以置信的仇恨。他们的命运通常是悲惨的，因为很少有人能理解他们的处境并向他们解释明白。有时候，父母和家里其他成员甚至会抱怨说："要是反过来该多好！为什么不是老大是个女孩，老二是个男孩？"

那些与姐姐妹妹生活在一起的家里的唯一男孩，也有共同特点。如果家里有几个女孩并且只有一个男孩，就很难避免女性氛围占据主导。这个男孩要么会被家里所有人惯坏，要么就是所有女人都排斥他。这类男孩成长的处境自然各不相同，但他们身上会有某些共同特质。我们知道，人们普遍都认为，男孩不应该只由女性来教育。这句话不能简单从字面意义上理解，因为所有的男孩最初都是由女人（妈妈）抚养长大的。这句话真正的意思是，男孩不应该在只有女性的环境中长大。这并不是在反对女性，而是在反对这种会让孩子产生误解的纯女性的环境。这也适用于和家中多个男孩一起长大的唯一的女孩。男孩经常会看不起女孩，因此女孩就会试图去模仿男孩，以谋求平等地位，但这不利于她为将来的生活做好准备。

一个人无论其思想多么包容，都不可能认同应该按抚养教育男孩的方式来抚养教育女孩。人们可以在短时间内把女孩当男孩来养，但很快那些不可避免的差异就会显现出来。在生活中，男人与女人扮演的角色不同是由不同的身体结构决定的，这在选择职业方面也发挥着重要的作用。对自己女性角色不满的女孩，有时会发现很难调整自己，以选择适合她们的职业。至于谈到为婚姻做准备的问题，很显然，对女性角色的教育也一定是与对男性角色的教育不同的。对自己性别不满的女孩会反对婚姻，并认为结婚对女性来说是自降尊严，或者她们即使结婚，也会在婚姻中争取支配地位。同样，那些从小像女孩一样被抚养长大的男孩，也很难适应社会[2]。

在考虑所有这些问题的时候，我们一定不可忘记，一个孩子的生活风格通常是在四五岁的时候被塑造成型的。儿童一定会在这几年的时间里开始养成自己的社会情感和适应环境所必需的各种应变能力。到了5岁，一个儿童对周围环境的态度通常已经固定并且内化了，之后的人生之路差不多都是沿着同一方向行进的。由于感知外在世界的统觉体系也不会再发生改变，他会自缚于固有观念之中，日复一日，重复着最初形成的心理机制以及与这个心理机制相一致的各种行为。个体社会情感的高低，会受限于个体精神视野的大小。

2　编者注：今天的社会对上述问题有了更强的包容性。

第八章

儿童在家庭中的地位：
其处境的心理分析与对策

我们已经看到，儿童的成长所依照的是他们对自己在成长环境中所处地位的无意识解读。我们还看到，家里的老大、老二和老三的成长条件各不相同，每个孩子的成长都依照他在家里所处的特定地位。这种早期的成长环境，可以视为对儿童人格养成状况的一种测试。

对儿童的教育越早开始越好，因为随着儿童的不断成长，他会形成一套规则或者说一套模式来调控自己的行为，主宰自己对各种处境的反应。如果一个儿童年龄还小，那么他正在构建并用以指导其未来行为的心理机制尚在萌芽状态。随着他逐渐长大，这套行为模式就会作为多年自我培养的结果固化下来。他的行为不再是对客观事物的反应，而是来自无意识的对自己全部过往经历的解读。如果一个儿童对某一处境做出了错误的解读，或对自己应付某一困难的能力做出了错误的估计，那么这种错误判断将会一直主宰他的行为。除非最初幼稚的错误解读能得以修正，否则直到成年以后，再多的逻辑或常识理性也无法改变他的行为模式。

在儿童的成长过程中总会存在一些主观因素，教育者们应对此多加研究。正是由于存在这些个体因素，对不同儿童群体的教育就不能一刀切地采用通用的准则。同样的准则在不同的儿童身上产生不同的效果也是由于个体因素的存在。

另外，如果我们看到不同的儿童对同一处境做出了几乎相同的反应，那也不能说这是天经地义的，事实情况是大家都缺乏对某一处境的认知，所以人类很容易犯相同的错误。人们通常会认为，当家里有弟弟或妹妹出生时，哥哥或姐姐就会心生嫉妒。对于这种论断，可用以下两点予以反驳。其一，有很多例外情况，即很多哥哥或姐姐不会对弟弟或妹妹的出生感到嫉妒；其二，如果我们懂得如何让哥哥或姐姐为弟弟或妹妹的到来做好心理准备，那么他们就不会产生嫉妒。一个犯了错误的儿童就像一个在走在大山里的人，面对眼前的一条小路，心中迷惑，不知该何去何从。当他终于找到正确路径走出大山，来到镇上，会听到当地人惊讶地说："几乎所有走到那条小路上的人最后都会迷路的。"儿童的错误往往也是在这种迷惑人的小路上犯的。这种小路看上去比较好走，因此会吸引儿童。

还有许多其他情形，对孩子的人格也有难以估量的影响。我们是不是经常能在一个家庭里看到两个孩子，一个"好"，一个"坏"？如果仔细调查一下就会发现，"坏孩子"往往有强烈的追求优越的渴望，想要支配所有人，并想尽一切办法让大家围着他转。他总是大喊大叫，让家里嘈杂不堪。相比之下，另一个孩子则比较安静，不争不抢，家人都喜欢他，他是那个"坏孩子"学习的榜样。父母也说不明白为何同一个家庭会有这种两极分化的情况。通过调查我们知道，那个"好孩子"已经发现了一个道理，即通过自己的良好行为可以赢得家人的认可，并在与"坏孩子"的竞争中取胜，而结果也正是如此。不难理解，当一个家庭里有互相竞争的两个孩子，如果一个孩子觉得自己表现再好也已经无法超越另一个，那么他就会向相反的方向使劲，也就是说，他会想方设法地调皮捣蛋，以图获胜。根据我们的经验，这样调皮的孩子将来可以转变成为比他们的兄弟或姐妹更出色的孩子。我们的经验还指出，追求优越的强烈渴望可能会在相反的两个极端方向上表现出来。在学校里，我们也会看到同样的情况。

不能因为两个孩子在相同的条件下长大，就预言他们的将来也会完全一样。实际上，没有哪两个孩子是在完全相同的条件下长大的。举止良好的孩子的性格在很大程度上也会受到举止不良的孩子的影响。事实上，很多原本表现良好的孩子后来变成了问题儿童。

这里有一个案例。一个 17 岁的女孩，直到 10 岁都是乖孩子的典范。她有一个大她 11 岁的哥哥，哥哥从小就被宠坏了，因为在妹妹出生之前，哥哥是家里唯一的孩子。妹妹出生后，哥哥并没有嫉妒她，只是继续着平常骄纵的行为。当妹妹 10 岁时，哥哥开始长时间离家在外生活。妹妹则开始扮演独生女的角色，这种情况造成她随心所欲，不顾一切。因为家庭富裕，所以她儿童时期的各种愿望都得到了满足。但长大以后，她的要求不再像小时候那样都能得到满足，于是她的不满开始显现。由于家庭良好的金融信誉，别人都很信任她，所以她年纪轻轻就开始向外人借钱，很快就欠下一大笔债。这一切只不过意味着她选择了另一条路径来满足自己的愿望。母亲拒绝满足她的要求之时，就是她放弃良好行为之日。这个女孩与家人大吵大闹、哭天抢地，性格由此变得令人讨厌。

从以上案例以及其他类似案例中，我们可以得出一个普遍结论：儿童可以通过自己的良好行为来满足其对优越的追求，但我们无法确定，当处境发生变化时，这种良好行为是否会继续下去。本书附录中个体心理调查问卷的优势在于，它让我们能全方位地了解一个儿童和他的行为，以及他与周边环境和周围成员的关系。儿童的生活风格总会透露出种种迹象，如果我们研究一个儿童并分析了从调查问卷中获得的信息，我们就会发现，儿童的各种人格特质、情绪表达以及生活风格都只不过是其用来追求优越、提高自身的价值感以及在自己的世界里赢得声望的工具。

在学校里，我们经常会见到有一类孩子的表现似乎与上述描述不符。这类孩子普遍懒散无为、沉默寡言，对学习毫无兴趣，对纪律视若无物，对批评和惩罚也无动于衷。他们生活在自己的幻想世界里，丝毫未表现出对优越的追求。不过，如果经验足够丰富，我们就有可能发现这也是追求优越的一种方式，尽管这种方式有点荒谬。这种孩子不相信自己有能力通过正常的手段取得成功，于是他们放弃了所有能让自己提高的办法和进步的机会，把自己封闭起来，让人觉得他们的性格冷漠无情。然而，这种冷漠无情并非他们性格的全部。在这背后，人们通常会发现一个异常敏感和脆弱不堪的心灵。为避免受到伤害，这个心灵需要冷漠作为外部保护层。他们把自己包裹在盔甲之中，外界没有什么东西能接近他们。

如果有人能成功地找到办法来诱导这种类型的儿童开口说话，那么他就会发现，这类儿童非常专注于自己，不断地做着白日梦，制造着各种幻境。在这些幻境中，他们是高高在上的了不起的人物。这些儿童的白日梦远远脱离了现实，他们会假装自己是个大英雄，征服了所有人；或者是个暴君，剥夺了所有人的权力；或者是个殉道者，解救众生于水火。这种喜欢扮演救世主的倾向经常出现在儿童身上，不仅出现在他们的白日梦里，而且会体现在他们的行为之中。如果别人遇到危险，他们肯定会毫不犹豫地伸出援手。在白日梦中扮演救世主角色的儿童其实也在培养着自己，以图在现实世界中能一展身手，而且如果他们还没有完全失去自信，那么只要机会合适，他们就会出手。

有些白日梦会不断地重复出现。在君主制时期的奥地利，有许多儿童梦想着把国王或某个王子从危险中拯救出来。当然，父母永远不会知道他们的孩子有这样的想法。我们看到的结果是，那些整天做白日梦的孩子无法适应现实，也无法让自己变成一个有用的人。这种情况意味着，幻想和现实之间存在着巨大差距。儿童有时还会选择中间道路，在保留白日梦的同时也做出一些行为上的调整来适应现实。有些儿童则不会做出任何调整，越来越脱离现实世界，完全缩进他自己创造的幻想世界。而另一些儿童则对想象力毫无兴趣，他们只在乎现实，看书也只看与现实相关的，比如游记、狩猎故事、历史等。

毫无疑问，儿童不仅要有接受现实的意愿，而且要有一定的想象力。但我们决不能忘记，儿童不像成年人那样能把这些事情看得简单通透，他们很容易将世界划分为非此即彼的两极。在理解儿童的时候，我们要牢记一个最重要的事实，就是儿童都有一种强烈的倾向去把一切事物分成对立的两个部分（上面或下面、都好或都坏、聪明或愚蠢、高级或低级、全有或全无）。其实，有些成年人也采用这种对立的统觉体系（认知方式）。众所周知，要想摆脱这种思维方式是不容易的。例如，我们都知道，在科学上，热和冷的唯一区别只是温度的高低有所不同，但我们还是会把热和冷当作是对立的两个方面。不仅儿童身上经常有这种对立的思维模式，而且在哲学科学的初期也存在这种认知方式。早期的希腊哲学就是由这种对立的观念所主导的。即使在今天，几乎每一个业余哲学家都还在试图用对立的观念来衡量价值。其中有些人甚至还设计了各种对照表，生与死、上与下、男与女。如今儿童幼稚的统觉体系与古老哲学的统觉体系有很大的相似之处。我们可以这样认定：那些习惯于把世界认成非黑即白，分成彼此对立的人们，还没有摆脱掉他们儿时幼稚的思维方式。

按照这种对立观念生活的人们都遵循着一个公式，这也可以用"要么全有，要么全无"这句格言来表达。很显然，要在这个世界上实现这种理想是不可能的，但依然还有很多人在按照这种理想生活。就人类而言，我们既不可能拥有一切，也不可能一无所有。在这两个极端之间，存在着无数的可以细分的程度等级。我们发现，这种对立的思维模式主要存在于那些自卑感很强的孩子身上，作为对自卑的补偿机制，这些孩子往往会变得雄心勃勃。历史上不乏这样的人物，例如凯撒就因野心谋取王位而被元老们谋杀。儿童的许多古怪脾气和性格特质的根源，都可以追溯到"要么全有，要么全无"这种思维方式上，比如固执。在儿童生活中，可以找到的这方面证据如此之多，以至我们可以得出这样的结论：这些孩子已经形成了自己的个人哲学，或者说一种违背常识理性的个人智慧。为了说明这一点，我们来看一个例子。这是一个 4 岁的小女孩，极其固执，脾气乖张。有一天，妈妈拿给她一个橙子，小女孩接过来，直接扔到地上，说："你给我的，我不要。我想要的时候，我才要！"

那些懒散无为的孩子因为无法得到想要的一切，会越来越陷入由自己的白日梦、幻想和空中楼阁所营造出来的虚无之中。然而，我们还不能就此过早地预言这些孩子已经无可救药。我们清楚地知道，这些孩子是因为过于敏感才逃避现实的，他们构造虚幻世界来保护自己免受更多的伤害。而这种逃避并不一定意味着他们已经完全不适应现实，或者没有能力适应现实。与现实保持一定的距离，不仅对作家和艺术家是必要的，对科学家也是必要的，科学家也需要良好的想象力。白日梦中那些不切实际的幻想，其实是一个人为了躲避生活的不快和可能的失败暂时绕开一段路而已。我们不要忘记，正是那些想象力丰富并且后来能够将想象与现实结合起来的人，才成为了人类的领导者。他们之所以成为领导者，不仅仅因为他们的学业更好，观察力更敏锐，更是因为他们的勇气和意识使他们能直面人生的各种困难并成功地战胜它们。很多伟人的传记往往揭示出这样一种事实，那就是尽管在儿童时期他们没有给现实世界带来过什么益处，而且往往也都不是什么好学生，但他们确实养成了一种非凡的能力，那就是善于观察周围发生的事情，一旦条件变得有利，他们就会重拾勇气，面对现实，勇敢拼搏，终获成功。诚然，对于如何把一个儿童培养成伟人，并没有什么规律可循。但有一点我们应该记住：在教育儿童时，我们绝不能鲁莽行事，而必须始终鼓励他们，始终尝试向他们解释现实生活的意义，避免儿童在自己的幻想世界与现实世界之间创造出鸿沟。

第九章

新处境是对儿童人格准备状况的测试

人的心理活动不仅是一个统一的整体，人格的各种表现在任何时候都是互相联系的，而且人格具有连续性，人格在时间上的展开是连续的，不会出现突然的跳跃。一个人当前和未来的行为总是会与其过去的人格保持一致。当然这并不是说一个人生活中的所有事件都已经机械地由过去和遗传所决定了，但它确实意味着未来和过去是紧密联系在一起、不可分割的。虽然我们永远不知道自己的内在到底有些什么，也就是说直到我们有机会把它们表现出来的那一刻，我们永远不知道自己的全部能力，但我们还是不可能在一夜之间就脱胎换骨，改变自己。

人格具有连续性而且不受机械决定论制约，这一事实不仅给人们接受教育和改善自己带来了可能，而且让我们有可能在任何时候去测试一个人的人格养成状况。当一个人到了一个新的处境，其隐藏的人格特质就会显露出来。如果我们可以直接对个体进行测试，那么可以让他们进入一个全新的、意想不到的处境来研究他们的人格养成状况。他们在新处境下的行为必定与过去的人格相符，因此我们就可以揭示他们的人格，而这些在惯常的处境下是无法观察到的。

就儿童而言，当处境发生转变的时候，比如刚开始上学或者家庭条件突然发生变化时，或许就是我们深入观察他们人格的最佳时机。只有在这种时候，儿童人格上的局限性才会暴露出来，这就好比把照相底片放进显影液之后，图像才会清晰地显现出来。

我们曾有机会观察一个被收养的孩子。他无可救药、喜怒无常，无人能够预知他下一步会做出什么事情来。在我们与他交谈时，他从来不好好回答问题，总是乱说一气与我们的提问毫无关系的事情。考虑了整体情况之后，我们认为：这个孩子来到他的养父母家已经有几个月的时间了，但始终对养父母保持着敌对的态度，目前的局面就是他不喜欢这个新家。

这是我们从当下的情境中所能得出的唯一结论。他的养父母先是摇了摇头，之后说孩子有被很好的对待，事实上好于他有生以来受过的任何对待，但这并不是问题的关键所在。我们经常听到父母说："我们对孩子用尽了一切办法，温柔的、严厉的，但都无济于事。"实际上，光对孩子好是不够的。即使有些孩子会对善意做出正面回应，但我们也不能因此就以为已经改变了他们。他们会认为是因为自己在一段时间内处于有利地位才得到了善待，所以基本上不会做出什么大的改变。一旦善意消失，他们就会立刻故态重萌。

关键是要理解这个孩子的感受和想法，即他是如何理解自己的处境的，而不是他的养父母是怎么想的。我们告诉养父母，这个孩子觉得跟他们一起生活并不开心。我们还告诉养父母，我们也不知道孩子的这种态度是否有合理的理由，但可以肯定，一定发生了什么事导致孩子如此不喜欢他们。我们告诉养父母，如果他们觉得没有能力纠正孩子的错误，无法赢得孩子的爱，最好把孩子转交给别人抚养，因为孩子总觉得自己受到监禁，因而不断地反抗。后来我们听说，这孩子已经变成了一个真正的易暴易怒之人，实际上成了一个危险分子。养父母的友善对待可能确实使这个孩子得到了一些改善，但还不够，因为他搞不懂整个的困难处境究竟是怎么一回事。在我们收集了更多的信息之后，问题的来龙去脉变得清晰起来。此案例的真实解读如下：这个孩子是和养父母以及他们的几个孩子一起生活的，他觉得养父母对他不如对亲生孩子那样好。当然，这并不是他乱发脾气的原因，真正的原因是这个孩子想要离开这个家庭。于是对他来说，任何能帮助他实现离家愿望的行为都是可取的，因此他举止无常，脾气暴躁。考虑到他为自己设定的目标（离开这个领养家庭），其种种反常行为就不能说是不理智的。我们可以判断这个孩子的头脑没有什么问题，也绝非弱智。这个领养家庭花了很长时间才意识到，如果他们已无法改变这个孩子的行为，就只能把他转交给别的家庭抚养。

如果因为一个小小的过错而去惩罚这样的孩子，那么这种惩罚对他们来说就是继续反叛的最好理由。因为这种惩罚正好坚定了他们的想法，即他们的反叛是对的。我们有充分的证据这样说，而且从这一点出发我们就可以明白，儿童所犯的一切错误都应该被理解为是他们与所在处境抗争的结果，是他们在没做好准备的情况下面临新处境的结果。这些错误可能看起来幼稚可笑，对此我们也不用奇怪，因为同样幼稚的表现在成年人中也并不少见。

对人体各种姿势和细微肢体语言的研究和解读几乎还是一个空白领域。可能没有谁能像学校老师那样具有如此便利的条件，可以把所有这些表现形式全盘考虑进去，系统地研究它们之间的关系，探究它们背后的缘由。必须记住，同一种表现形式在不同的场合可能会有不同的含义；我们也必须记住，两个不同的孩子可以做出同样的肢体动作，但其含义却未必一样。此外，对问题儿童来说，即使引起他们问题的心理因素相同，他们肢体语言的表现形式也会因人而异。道理很简单，因为实现某个目标的路径不止一条。

所以，我们不要从常识理性的角度来评价什么是对的，什么是错的。如果一个儿童犯了错误，那是因为他为自己设定了一个错误目标，而朝着这个错误目标努力追求的结果也注定是错误的。人类的天性可谓奇之又奇，迷之又迷。人类有数不清的犯错的可能，但其面对的真理却只有一个。

儿童还有几种具有重要意义，但在学校里不会有人注意到的表现，比如睡眠时的身体姿势。我们来看一个有趣的例子。曾经有一个15岁的男孩，他经常会有一种幻想，当时的奥匈帝国皇帝弗朗茨·约瑟夫一世死后以幽灵的形式出现在他的面前，命令他组织一支军队去攻打俄国。当我们夜里到他房间去观察他的睡眠情况时，眼前的景象令我们吃了一惊。他的睡姿俨然就是拿破仑在横刀立马，指挥千军。当第二天再次见到他的时候，我们注意到，他的身姿跟昨晚睡眠中保持的那种军姿非常相似。这个男孩的梦中幻觉与他清醒时的态度之间的联系似乎相当清楚了。我们哄他聊天，努力让他相信约瑟夫皇帝还活着，但他就是不愿意相信我们的话。他还告诉我们，当他在咖啡馆打工招待客人时，总是会因为个子矮小而被人取笑。当我们问他还有谁的走路姿态跟他一样，他想了一会儿，然后说道："我的老师，麦尔先生。"看来我们的调查方向走对了，只要把麦尔老师想象成另一个矮小的拿破仑，一切谜团就都迎刃而解了。还有一点更重要，这个男孩告诉我们他将来想当一名老师。这表明麦尔老师是他最钦佩的人，他想模仿麦尔老师的一言一行。简而言之，这个男孩未来人生故事的全部情节，都已经可以从他现在的身姿体态中一窥端倪。

新处境是对儿童人格是否做好准备的一次测试。如果一个孩子已经做好了充分的准备，那么他就会充满信心地面对新处境。如果他准备得不够充分，那么新处境就会带来一种紧张感，让他感到无能为力。无能为力的感觉会扭曲判断力，随之而来的反应行为就会偏离事实。也就是说，因为判断不是源自社会情感，所以就背离了新处境的要求。换句话说，一个孩子在学校里的失败表现，不仅要归因于教育系统的低效无能，还要归因于孩子自身的人格缺陷。

我们必须对新处境加以审视，这样做并不是因为它是使儿童人格滑坡的原因，而是我们知道新处境会更加清晰地暴露出儿童人格准备中主要的不足之处。每一个新处境都可以被视为是对儿童人格准备状况的一次测试。

鉴于这一点，我们需要再次把调查问卷（参见本书附录一）中的几个相关问题拿出来先讨论一下。

1．孩子是从什么时候开始出现问题的？

我们需要立刻留意，新处境是什么时候出现的。如果一位母亲说她的孩子直到上学之前都没问题，那就说明，她对自己的孩子还不够真正了解。显然，她还不明白，学校这个新处境对她的孩子来说已经沉重不堪，让他无法适应了。如果母亲回答说："过去三年多来，孩子一直都有这个问题"，那么这个答案也还不足够，因为我们必须了解三年以前孩子的成长环境或他的身体状况都发生过什么变化。

孩子失去信心的最初迹象往往是他无法适应学校的生活。如果最初的不适应迹象没有得到足够重视，那这对孩子来说就是一场灾难。我们必须弄清楚，这个孩子是否经常因学习成绩不好而被家长责打，还要弄清楚，学习成绩不好或挨打对其追求优越有哪些影响。这个孩子可能会认为自己一无是处，尤其是如果他的父母经常把"你这辈子将一事无成"或"长大后你就是罪犯，会被送上绞刑架"这种话挂在嘴边的话。

有些孩子在遭受挫折之后会发奋图强，而有些孩子则会一蹶不振。有些孩子对自己失去了信心，对前途也失去了希望。对这些孩子，我们必须多多鼓励，以温柔、耐心和宽容对待他们。

唐突而生硬地解释性知识可能会刺激孩子并令他困惑不解。家里的兄弟姐妹如果聪明过人，成绩出色，也可能妨碍孩子的努力进步。

2. 这种情况是否在之前就出现过？

这句话的意思是问，在孩子的成长环境发生变化之前，其人格准备不足的情况是否曾经出现过。对这个问题的回答五花八门。"这孩子的东西总是放得乱七八糟"，意味着孩子的母亲替孩子做了一切事情；"这孩子总是很胆小"，意味着孩子对家庭太过依恋。如果一个孩子被描述为软弱无力，那么我们可以猜测，这可能因为他生来就有器质性缺陷，家里可能会因此对他宠爱娇惯，也可能会因为身体的丑陋而嫌弃忽视他。这个问题同样也适用于判断一个孩子是否可能弱智。有些孩子可能只是发育迟缓，就会被怀疑成是弱智。即使后来发育正常了，他们在心理上仍然会残留着那种被宠爱娇惯或身体活动不便的感觉，这种无力感让他们非常难以应对新的处境。如果有人说，一个孩子既胆小怕事又粗心大意，那么我们可以肯定，他的表现是在争取别人的关注。

教师的首要任务是要赢得孩子的信任，之后再逐渐培养他的信心。如果一个孩子笨手笨脚，老师就应该看看他是不是左利手。如果一个孩子笨手笨脚到了夸张的程度，老师就应该去了解这个孩子是否完全明白他的性别角色。那些在女性化环境中长大的男孩、不愿与其他男孩交往的男孩、被其他男孩嘲笑捉弄并经常被当作女孩对待的男孩，会慢慢习惯于把自己定位成女性角色，之后会经历激烈的内心冲突。对男女性器官差异的不了解会让这类孩子以为可以改变自己的性别。但当他们最终发现人体结构不可改变时，就会根据自己所偏好的性别，尝试努力以图补偿，有的会养成男性心理特质，有的会养成女性心理特质。这些倾向性会在他们的衣着打扮和言谈举止上表现出来。

有些女孩厌恶女性职业，主要原因就是人们认为女性职业没有价值。确实，这种看法反映了我们社会文明的一个根本缺陷。男性享有女性所不享有的一些特权，这种传统至今依然存在。我们的社会文明显然对男性更为有利，它认可男性独享某些自封的特权。男孩的出生通常比女孩的出生更能引起家人的欢喜，这无疑会对男孩和女孩都产生不利影响。很快，女孩就会受到自卑的刺痛，而男孩则会背负起众人无限的期望。女孩的发展受到各种制约。在有些国家，比如美国，这种对女性发展的压迫和制约已不那么明显，但是在社会关系方面，即使在美国，两性的地位依然未能平衡。

这里我们关心的是通过儿童反映出来的整个人类的心理状态。接受女性角色就意味着要承受一些苦难，这有时会激起儿童的反抗行为。这种反抗行为往往表现为任性、固执和懒惰，而所有这些表现也都与追求优越相关。如果这些迹象出现在女孩身上，老师一定要查明她是否对自己的性别角色不满。

这种不满情绪可能会蔓延到生活中的方方面面，因此生活也基本变成一种苦累。有时候，我们会听到女孩说，她们希望生活在另一个星球上，那里的人类不再分为男性和女性。这种错误的想法可能导致出现各种荒谬的行为，或者使其冷漠无情、违法犯罪，甚至自杀。缺乏同情和一味惩罚只会进一步加深她们的自卑感。

如果我们能够以自然得体的方式让儿童了解男女之间的差别，让他们明白男性和女性具有同等价值，那么就可以避免这种不幸的情况发生。生活中，父亲在家里似乎拥有至高无上的地位。他是一家之主，制定规矩，发号施令，指挥妻子，一切事情都由他说了算。哥哥弟弟也总想比姐姐妹妹占上风，不把她们放在眼里，动辄指责批评。这些都会使女孩子对自己的性别感到不满。心理学家知道，哥哥弟弟的这种行为都源于他们自己的软弱无力。有能力做事情与只是看上去能做事情完全是两码事。那种认为女性到目前为止还没有做出过伟大成就的说法是站不住脚的。只是因为到目前为止，女人还从未被当作能成就大事的人来培养过。男人只会把袜子塞到女人手中，让她们去缝缝补补，并试图让她们相信针线活才是她们应该干的工作。如今，尽管情况已有所改观，但我们对女孩子的教育和培养方式仍然未能体现出我们对她们寄予什么厚望。

我们一面阻碍女孩做好准备，一面又指责她们没有作为，这是目光短浅的行为。不过，要想改善目前这种状况并不容易，因为不仅父亲，就连母亲也都认为男性的特权是理所应当的，并根据这种观念抚养女儿。她们会教育女儿：男性的威权都是正当合理的，如果男孩要求女孩服从，女孩就应该顺从。儿童应该尽早知道他们属于哪个性别，并且知道他们的性别是不可改变的。我们前面说过，女性对男性的威权和优越已经渐生愤恨，如果这种愤恨变得过于强烈，那么女性可能会拒绝接受自己的性别，并会极力模仿男性，这种现象在个体心理学中被称为"男性反抗"（masculine protest）。第二性征方面的问题，比如身体畸形或发育不全，也常常导致成年人怀疑自己的性别是否符合解剖学结构的完整（比如女孩出现了男性的生理特征或男孩出现了女性的生理特征）。这种观念有时根深蒂固，而且会直接导致体质的软弱无力。童稚化身材的男人（这种情况男性比女性多见）会让人说三道四，说他女里女气。这话没说到点上，准确地说，这样的男人更像个没长大的孩子。一个身体发育不完全的男性会极其痛苦和自卑，觉得自己低人一头，因为我们的文明通常认为男人就应该体格健全，男人的成就也要超过女人才行[1]。同理，一个身体发育不完全或不够漂亮的女孩也会自卑，经常对各种生活中的问题感到厌恶，因为我们过于看重女性的美貌，而不是她们的能力。

性情、脾气和情感是儿童的第三性征。性情敏感的男孩会被认为女性化，从容自信的女孩则被认为男性化。这样的性格特质从来都不是天生的，而是后天养成的。具有这些性格特质的人，长大后还会记得自己童年时的情形，他们会说自己小时候就很另类，性格内向，男孩像女孩或女孩像男孩。他们根据各自对相应性别角色的理解长大成人。接下去的一个问题就是儿童的性发育和性经验已经到了什么程度，这意味着在相应的年龄阶段，儿童应该对性有相应的了解。可以说，

1　编者注：仅代表那个时代的观点。

至少有 90% 的儿童，当父母或教育者终于向他们解释性知识的时候，他们早就已经知道性是怎么一回事了。关于什么时候以及如何对儿童解释性知识，没有硬性规定，因为我们无法预测儿童会从中接收哪些信息或获取哪些教益，又或者在整体上会对儿童带来哪些影响。如果儿童主动提出这方面的问题，也要在充分考虑儿童当时的具体情况之后再给予解释。虽然过早地解释未必一定会造成有害的结果，但还是不建议过早地与儿童讨论性的问题。

被收养的儿童或继子女的教育也是一个难题。这两种儿童都会把别人对他们的优待视为理所当然，稍有不顺就会把一切都归咎于他们在家庭中的特殊地位。失去母亲的孩子有时会非常依恋父亲，过了一段时间父亲再婚，孩子就会觉得自己被抛弃了，从而拒绝与继母和睦相处。有趣的是，有些孩子会把自己的亲生父母看作继父继母，当然，这意味着父母平时对孩子的批评过于严厉，或经常埋怨指责孩子。继父继母在许多童话故事中名声不好，他们的角色都是邪恶的。顺便指出，童话故事并非孩子的理想读物。当然，完全禁止这些童话故事也是不可能的，因为孩子可以从中学到很多关于人性的知识。但是有必要为某些童话故事加注一些纠正性的评论文字，并有必要阻止孩子阅读那些含有残酷行为或扭曲幻想的童话故事。有时候，人们会用童话故事中冷酷残忍的硬汉形象来教育儿童，以促使小读者们也能变得强硬果敢，不再优柔寡断，然而这又是一个源于英雄崇拜的错误观念。很多男孩会认为展示同情心是缺乏男子汉气概的表现。我们无法理解为什么这种善良情感会受到鄙视，因为若不被误用，同情心无疑是有益的。当然，任何感情都有可能被误用。

非婚生子女的处境也极其艰难。这种不当行为的后果最后都是由女人和孩子来承担，而男人却逍遥事外，跟没事人一样。毋庸赘言，这显然是不公的。这其中受到伤害最大的当然还是孩子。无论人们如何想办法去帮助这些孩子，也不可能消除他们的痛苦，因为他们的常识理性很快就会告诉他们自己，周围的很多事情都不再正常，他们的处境与众不同。他们会被自己的同伴看不起，国家的相关法律制度也令他们的生活举步维艰，而且私生子的烙印将伴随他们一生。由于过于敏感，这类孩子很容易和别人发生冲突，他们对周围世界充满敌意，因为世界上所有语言中都有称呼这类儿童的难听的、侮辱性的、具有极度贬低意味的词语。因此也就不难理解，为什么在问题儿童和罪犯中会有那么多的孤儿和私生子。所以，不能将这些私生子或孤儿的反社会倾向都归因于先天或遗传。

第十章

儿童的学校生活

我们前面说过，儿童入学等于进入一个完全陌生的处境。像所有新的处境一样，入学可以看作是对儿童前期心理准备状况的一次测试。如果儿童经过了适当的培养，心理准备充分，那么就能正常通过测试。反之，其心理准备的不足之处就会暴露无遗。

　　人们通常不会把一个孩子进幼儿园和上小学时的心理准备状况记录下来，但如果有这样的记录，将非常有助于我们了解其成年后的行为。这种"新处境测试"将比普通的学业成绩测试更能说明问题。

　　学校会对入学后的儿童有哪些要求？学校任务的性质决定了儿童需要与老师、同学合作，也需要对各门课程感兴趣。通过观察儿童对这种新处境的反应情况，我们就可以判断出他的合作能力和兴趣范围。我们可以了解这个儿童对哪些科目感兴趣，他是否愿意倾听别人讲话，又或者他对什么东西全无兴趣。可以通过研究孩子的态度、体态和表情、倾听别人讲话的方式、喜欢接近老师还是躲避老师等查明这些情况。

　　这些细微之处是如何影响一个人的心理成长的呢？下面的案例可以说明。一位男士因为职业上的困扰去咨询一位心理学家。回顾他的童年，心理学家了解到，这位男士是家里唯一的男孩，他有几个姐姐，他出生后不久父母就都去世了。到了该上学的时候，他不知道该上男校还是女校。在姐姐们的劝说下，他选择了女子学校，结果没过多久他就被学校开除了。可以想象，这件事给他的心理造成了怎样的打击。

儿童上课能否专心听讲，在很大程度上取决于他是否喜欢讲课的老师。能让孩子专心听讲，并发现孩子什么时候不专心或无法集中注意力是老师教学的艺术。有很多孩子在上学之前一点也没有学会如何集中注意力，他们通常是那些娇生惯养的孩子，来到学校后便会被眼前各种各样的陌生人等弄得眼花缭乱。如果他们的老师碰巧又比较严厉，那么这些孩子就会像没有记忆力一样，讲啥忘啥。但是所谓的记忆力差并非人们一般简单认为的那样。一个被老师责备记忆力差的孩子却会对一些别的事情记得清清楚楚。他们不但记忆力没问题，而且注意力也没问题，但都只局限于在自己家里，局限在其被娇惯的环境里。他们的注意力都放在了渴望被宠爱上，而没有放在学校的功课上。

如果这样的孩子在学校里不适应，成绩不好，考试不及格，批评或责备是没有用的，因为批评和责备不会改变他的生活风格。相反，这样做只会使他认为自己不适合学校，并发展出更消极的态度。

值得注意的是，如果老师能赢得那些被宠爱娇惯的孩子的信任，并把他们争取过来，那么这类孩子往往会变成很好的学生。在受到关照的有利环境中，这些孩子可以很好地学习，但遗憾的是，我们不能保证他们在学校里总能得到这样的宠爱。如果换个学校或者换个老师，或者某一门功课学不会（对于那些被宠坏的孩子来说，算术总是难学的科目），他们会突然止步不前，因为他们已经习惯了凡事都有人帮他们准备好。他们从来没有接受过关于努力的培养，也不知道如何去努力。他们没有耐心去面对困难以及自觉地努力前行。

这样我们就明白为儿童入学做好充分准备意味着什么了。而在各种准备不足的情形中，我们总能看到母亲们的影响。我们都知道，母亲是孩子兴趣启蒙的第一人，因此母亲负有将孩子的兴趣引导至健康轨道的关键责任。如果母亲没有尽到责任——很多母亲往往都没有做到，那么孩子在学校里的表现就会体现出这一点来。除了母亲的影响，还有复杂的家庭因素的影响，比如父亲的影响、兄弟姐妹之间的竞争等，这些已经在前面几章分析过了。此外，还有外界的影响、不良的社会环境和各种偏见，我们将在下一章中详细讨论。

总之，考虑到所有这些因素都会影响儿童的心理准备状况，单凭学习成绩的好坏来评价一个儿童是愚蠢的。学习成绩只是儿童当下心理状况的诸多表象之一，重要的不是分数，而是分数背后所反映出来的东西，即其智力水平、兴趣点、注意力等。虽然学校里的各种考试和测验与那些所谓的科学测试，比如各种智力测验，在整体结构和题目内容上不太一样，但其本质并没有什么不同。这两类测试的侧重点应该放在对儿童心理状态的考察上，而不应过度关注儿童在试卷上答对了多少道题。

近年来，所谓的智力测验有了很大的发展，老师们对此也很看重。有时候，这种测试还是有一定价值的，因为它们能揭示出一些普通考试无法揭示的东西，而且这种智力测验还时不时能成为儿童的大救星。比如，有个男孩学习成绩差得老师都打算让他留级了，但他的智力测验却得分很高，后来这孩子不但没有被留级，反而还跳了一级。这孩子觉得自己非常成功，之后的表现就像变了一个人似的。

这里我们不想贬低智力测验的作用，也不想贬低智商的作用，但我们必须指出，在进行智力测验时，无论是儿童还是他们的父母，都未必知道智商为何物，也都不知道智力测验的真正价值所在。他们会认为智力测验代表着一种终极结论和全面评价，它预言了儿童未来的命运，而儿童也会从此生活在测验结果的局限之内。在现实中，如果把智力测验的结果绝对化，会受到广泛批评。在智力测验中获得高分并不能保证以后的生活就一定成功，而且很多卓有成就的人智力测验的得分也并不高。

个体心理学家都有这样的经验，如果儿童首次智力测验得分较低，我们总可以找到好的办法，让他下次测验的分数能够提高。其中一种方法就是让孩子多练习做题，以熟悉这类测验，直到他找到其中的窍门儿，并为正式测验做好相应的准备。这样，孩子就会不断积累经验，不断进步，在下一次的测验中拿到高分。

还有一个重要问题，就是学校里的日常生活是如何影响儿童的？课业是否过于繁重，令孩子们喘不过气来？我们不是看轻学校课程设置的某些科目，也不是觉得学习科目的种类应该减少，而是强调各个科目的教学要融会贯通、旁征博引，这样儿童才能明白学习那门功课的目的，理解其实际用处，而不是把它看作纯粹的抽象理论。应该多传授给儿童学科知识，还是多培养儿童的人格，这个问题目前引起了诸多讨论。个体心理学认为这两者其实可以结合起来进行。

正如我们说过的，教学科目应该是有趣并且实用的。数学，比如算术和几何，可以结合某幢建筑来教学，让儿童观察它的形状风格、建筑结构，以及里面可以容纳的人数等。还有一些科目可以结合起来进行教学，一些比较先进的学校里就有教学专家懂得如何将多个科目联系起来，一起讲授。他们会和儿童一起边散步边交谈，了解他们对哪些科目更感兴趣，对哪些科目不感兴趣。这些老师学会了融合教学，例如，在讲解某种植物知识的同时，他们还会讲授该植物的历史演变、该植物所在地区的气候等。这种教学方式不仅激发了儿童对原本可能不感兴趣科目的兴趣，而且还教会了他们用联系的、综合的观点来看待和研究事物、解决问题，而这一点正是所有教育的最终目的。

还有一点也不容教育者忽视，那就是在学校里，儿童会感到他们处在一个人与人都在竞争的环境中，他们会认为同学之间的关系就是互相竞争的关系。这一点很重要，也很容易理解。理想的学校班级应该是一个整体，让每个儿童都能感到自己是整体的一部分。老师务必要把儿童各种竞争和争强好胜的行为控制在合理范围之内。儿童不喜欢看到别人进步和领先，他们要么会不遗余力地奋起，赶超对手，要么会备受打击，变得意志消沉，看待事物也不再冷静客观。这就是为什么老师的劝解和引导如此重要，老师的一句话如果说到点上，往往就可以把儿童的劲头从执着于互相竞争拉回到彼此合作的正轨上来。

在这方面，在班级里建立一套儿童自我管理的方案是有帮助的。我们不必等到他们完全准备好再去制定这类自治方案，可以让他们先观察班级里的情况，或者让他们自己提出自治方案。如果儿童在缺乏准备的情况下就被授予自治的权限，我们会发现他们对彼此的惩罚手段要比老师还要严厉和苛刻，他们甚至会利用自己手中的权力来谋取个人的利益和优势。

要评估儿童在学校的进步情况，我们既要考虑老师的意见，也要倾听儿童的说法。有趣的是，儿童在这方面的判断力往往非常准确。他们清楚地知道谁的拼写最好，谁画的画最好看，谁的体育最棒，对彼此的评价是比较公允的。有时候，他们对别人的看法未必那么公正，但他们会意识到这一点，并尽可能地去公正地评价别人。最大的困难在于有些儿童会看低自己，他们觉得："这下完了，我永远也赶不上别人了！"可事实并非如此，他们是可以赶上来的。老师必须指出这种错误的判断，否则它会成为伴随儿童一生的固定观念。有这种想法的儿童永远不会进步，只会原地踏步。

在学校里，绝大多数学生的学习成绩差不多总是稳定的，也就是说会保持在同一水平：最好的总是最好的，最差的总是最差的，而成绩中等的总是维持在中等。这种平稳状态，与其说反映的是儿童大脑的智力发育水平，不如说反映的是儿童心态上的惰性。这种迹象表明他们已经自我设限，经历了几次挫折就消极悲观，不再努力了。而成绩排名顺序确实偶尔会发生改变，这一事实非常说明问题，因为这表明不存在什么命运的安排决定着儿童的智力水平。应该让儿童懂得这个道理，并让他们学会根据自己的情况加以运用。

老师和儿童还应该破除一种迷信，即认为智力正常的孩子取得的成绩都应归功于某种特有的遗传。相信人的能力都来自遗传或许是迄今为止儿童教育方面所犯的最大错误。当个体心理学首先指出这一错误时，人们还认为这不过是一种乐观猜想，而不是科学论断，但现在越来越多的心理学家和精神科专家都开始接受我们的观点。遗传学说太容易成为父母、老师以及儿童的挡箭牌，每当遇到困难需要付出努力的时候，人们总是可以拿遗传观点来说事，撇清自己需要付出努力的责任。但是，我们没有权利逃避自己应承担的责任，对任何可能影响我们、令我们想逃避责任的观点，都应该始终保持警觉。

如果一个教育工作者相信自己的教育工作有价值，相信教育旨在培养人的人格，那么就不会真的接受遗传论的观点。这里说的不是生理上的遗传。我们当然知道有些器质性缺陷，包括器官机能上的差异是会遗传的。但是，人体的器官机能和心理能力之间又有怎样的联系呢？个体心理学认为，人的心理可以感知人体器官机能的强弱并与之相适应。但有时候心理对身体器官的机能过于依赖，某些生理上的缺陷会使心理受到恐吓，以至于生理缺陷治愈之后，心理上的恐惧还会持续很长时间。

人们凡事总喜欢追根溯源，总想找寻现象发展背后的萌芽。比如，我们就常常会用能力遗传论的观点去评价一个人的成就，但这种观点是非常具有误导性的。这种思维模式的常见错误是它没有把大多数祖先考虑在内。如果画一下家谱就可看到，每一代人都是由来自父亲家族和母亲家族的两条分支组成的。如果向上追溯 5 代人，那么就有 64 个祖先，在这 64 个人当中，肯定能找出一个聪明的，然后我们就可以说某个后代的能力就遗传自这个聪明的祖先。如果向上追溯 10 代人，就会有 2048 个祖先，那么毫无疑问，就更容易从中找出一个非常聪明能干的，而且可能还不止一个。而且不要忘记，一个能力超强的祖先带给一个家族的好的传统往往也具有类似遗传的效果。因此我们就可以明白，为什么有些家族比其他家族培养出了更多有能力的后人。但这并非遗传，而是一个简单而明显的事实，只要想一想过去欧洲的每个孩子都不得不继承父辈职业的情况就会明白。如果我们忘记这是社会传统使然，而非要把子承父业的现象归因于遗传的话，那么这种遗传的人群数量将会大到令人难以置信。

除了能力遗传论的观点会给孩子造成困扰，另一个非常大的障碍就是对学习成绩不好的孩子的惩罚。如果一个孩子学习成绩不好，他会发现自己也不太受老师待见。结果就是孩子在学校受苦受难，回到家换了个地方还要接着挨父母的责骂，而且常常会被打屁股。

教师们应该记住，孩子手里拿着一张不理想的成绩单回到家意味着什么。有的老师认为，如果让家人知道孩子的成绩不好，那么孩子会更加努力地学习。但是这些老师忘了特殊家庭状况的存在。有的家庭对孩子的管教方式异常严酷，这样的孩子在把不好的成绩单拿回家之前会犹豫再三。因此，他要么放学后根本不敢回家，要么可能因恐惧而绝望自杀。

虽然学校的管理制度不是老师制定的，但如果老师有可能以同情和理解来对待学生，则善莫大焉。这可以缓和学校制度中不近人情的冷峻一面。老师可以根据特定学生的家庭情况，对他更温和一些，这样可以鼓励学生，不会逼他走向绝望。如果一个孩子的学习成绩总是不理想，而且总是被别人说成是学校最差的学生，那么他就会背上沉重的心理包袱，最后连自己都会相信自己是最差的。如果我们能设身处地地思考，就很容易理解他为什么不喜欢上学了。这是人之常情。如果你在一个地方总是受到别人的批评，成绩很差，也没有希望赶上来，那么你是不会喜欢这个地方的，一定会设法逃离。因此，如果我们看到有的孩子旷课逃学，也不必感到生气懊恼。

虽然我们不应对这种事大惊小怪，但应该认识到它的重要性。我们应该意识到这意味着一个不良的开端，特别是当它发生在青春期的孩子身上时。这些孩子已具备足够的"聪明才智"来想出各种花招逃避责罚，保护自己，比如涂改成绩单、旷课逃学等。如此一来，他们会逐渐和与自己情况类似的孩子们厮混在一起，拉帮结伙，最终走上违法犯罪的道路。

个体心理学认为，没有哪个儿童是不可救药的。如果我们能接受这一观点，那么上述的所有不幸都是可以避免的。我们必须相信总是可以找到帮助孩子的办法。即使在最糟糕的情况下，也总会有解决的办法，当然这需要我们尽力去寻找。

让孩子留级的不良后果几乎毋庸赘言。在老师看来，留级的孩子对学校和家庭来说都是一个麻烦。虽然留级的学生不一定都这么差，但例外情况很少。大多数留级的孩子都会不止留级一次，他们的学习成绩总是跟不上，这显示出其问题一直被回避，而得不到解决。

什么情况下才应该让学生留级，这是一个难题。有些老师成功地避免了这个问题。他们利用假期来辅导孩子，找出其生活风格中的错误并加以纠正，这样就让孩子能继续升学。如果能在学校里引入辅导老师制度，这种方法就可加以推广。我们现在有社工，有巡访教师，但就是没有专门的辅导老师。

德国并不存在巡访教师制度，因为在我们看来，设置这样的制度似乎完全没有必要。最了解孩子们的还是每所公立学校里的班主任老师。如果班主任认真观察，就没有谁能比他更了解班上的孩子。有人可能会说，班上孩子那么多，班主任不可能对每个孩子都了如指掌，但如果从孩子一入学就留意他的行为，就可以很快摸透他的生活风格，从而可以避免许多后续的麻烦。即使班级人数再多，班主任也是可以做到这一点的。了解学生的老师比不了解学生的老师能教育出更多更好的学生。当然，人数过多、拥挤不堪的班级绝非好事，应该避免，这也不是什么无法克服的困难。

从心理学的角度来看，最好不要每年都换一批老师，更不能像某些学校那样，每半年就换一批，老师应随班升入下一年级。如果一个老师能连续教同一批孩子两年、三年或四年，老师就有机会深入了解和熟悉所有孩子，他就能知道每个孩子的生活风格，发现其中的错误，并予以纠正，这会给这批学生带来全方位的益处。

学校里也常有学生跳级，关于跳级学习是否有好处还存在争议。

跳级这种行为往往并不能满足孩子在这一过程中产生的某种过高期望。如果一个孩子的年龄偏大，不再适合目前所在的年级，那么可以考虑让他跳级；如果一个孩子以前因为学习落后被留级，现在经过努力进步明显，那么也可以考虑让他跳级。但不能因为一个孩子的成绩好或他比其他孩子懂得多就让他跳级，即不能把跳级作为一种奖励，而应该让这个聪明的学生多花一些时间在课外活动上，比如绘画、音乐等，这样会对他更有好处。这种安排也让这个学生心里明白，他的榜样作用对全班同学都是有益的，因为他激励了其他人。把一个班里的尖子生都抽走跳级并不是好事。有人可能会说，不是应该多培养优秀拔尖的孩子吗？我们不赞同这一做法，我们更相信优秀的孩子能带动整个班级前进，能促进全班孩子更好地成长。

观察学校里常分的两种班级——快班和慢班，是件挺有意思的事情。我们惊讶地发现，快班里往往有几个孩子是真的智力迟钝，而慢班里没有一个智力迟钝的，这点与人们的普遍想法刚好相反。只不过，慢班里的大部分孩子都来自贫困家庭。穷人家的孩子总会被人说头脑不灵光，但真正的原因只是他们在入学前的心理准备往往不够充分而已。这点也很容易理解，因为穷孩子们的父母都在忙于生计，根本无暇顾及孩子，又或者他们自己也没有受过什么教育，不懂如何帮助自己的孩子做好相应的心理准备。这种缺乏心理准备的孩子不应被分到慢班。对孩子来说，被分到慢班是一种耻辱，会被小伙伴嘲笑。

关照这类孩子更好的办法是配备辅导老师，这点我们已在上文提到过。除了辅导老师，还应成立儿童俱乐部，使孩子得到额外的辅导。在那里，孩子可以做家庭作业、玩游戏、看书等，通过这种方式，这些儿童可培养自己的信心和勇气，而不是像在学校的慢班里，每天收获的只有各种打击和灰心丧气。这样的儿童俱乐部，如果再配以宽敞的游戏场地和运动场地，那么孩子们就可以彻底远离市井街道，远离那些不良的社会影响。

在讨论教育实践的时候，男女同校的问题总在人们的讨论之列。关于男女同校教育，有人会说，原则上我们应该赞成这种做法，因为这可以让女孩和男孩能更好地互相了解。但是，如果只是简单随口一说并任由其自行发展，那就犯了大错。男女同校涉及一些必须慎重考虑的特殊问题，否则将弊大于利。例如，人们往往会忽略一个事实，那就是16岁之前，女孩子的发育要比男孩子快。如果男孩子没意识到这一点，看到女孩子比他们学得好、成长得快，他们就容易失去心理平衡，开始与女孩子进行毫无意义的竞争。学校的管理人员和老师都必须对类似这样的情况心中有数。

如果老师倾向于男女同校，并对其中涉及到的一些具体问题已经有所了解，那么男女同校的教育模式就能成功。反之，如果老师不太认同男女同校，觉得这种模式是一个负担，那么男女同校的教育在其手中就会失败。

如果男女同校这一制度没有得到正确的实施，孩子们没有得到正确的引导和监督，那么必然会出现性的问题。我们将在后面的章节中更详细地讨论性的问题。这里仅指出，学校里的性教育是个极其复杂的问题。事实上，学校并不是适合性教育的场合，因为老师在给全班那么多孩子讲解性知识的时候，无从得知孩子们都是怎么想的。如果孩子私下向老师请教这些问题，情况就不同了。比如，如果有女生向老师请教相关知识，那么老师应该如实、恰当地给予解答。

刚才我们有点跑题了，谈的都是有关教育管理方面的问题，现在言归正传，回到儿童在学校里的核心问题。可以这样说，通过了解孩子的兴趣，找到他们擅长的科目，我们总能找到教育好儿童的途径。我们要懂得，成功才是成功之母。一次成功孕育着下一次成功，这点在人生的其他阶段适用，在求学阶段也同样适用。这意味着如果孩子对某一学科很感兴趣，并且在这一学科上取得了成功，他就会受到激励，并且会去尝试在其他事情上取得成功。老师的责任在于鼓励学生把某项成功作为跳板，去获得更多的知识，探寻更多的道理。没有老师的鼓励和引导，单靠儿童自己是做不到这点的，因为他们不知道如何去做，就像一个人无法拉着鞋带让自己跳起来一样。可以说，所有的人都要经历别人的引导和帮助才能从懵懂无知进入知识启蒙。老师在这方面可以引导和帮助儿童。如果老师真的这样做了，儿童往往都能体会到老师的用意并积极配合。

上述所说的要找出儿童感兴趣的学科这一道理，同样也适用于找出儿童最擅长使用的感觉器官。我们必须找出哪一个感觉器官是他最常用的，哪一类感觉是最令他欣喜的。有的儿童在视觉方面得到了更好的培养，有的儿童在听觉方面更擅长，有的儿童在运动方面更强，等等。近年来，所谓的"手工学校"开始流行起来。他们把综合教学法的可靠原理运用到训练儿童的眼、耳和手的协调发展上。这些学校的成功说明了利用好儿童的感官兴趣是多么重要。

如果老师发现一个儿童属于视觉优势型，他就应该明白，这个儿童对需要拥有敏锐视觉的科目会更容易上手，比如地理。这种儿童上课的时候更愿意多看地图，而不愿听老师的讲解。这里只是举例说明，老师可以通过观察某个特定儿童的具体情况获得对该儿童的深入了解。其实，老师在看到儿童第一眼的时候，就可以获得很多诸如此类的洞察。

总之，理想的教师肩负着一个神圣而又令人激动的任务。儿童的灵魂由其塑造，人类的未来也掌握在其手中。

但是，怎样才能从理想走入现实呢？光有空想教育理念是不够的，我们必须找到一个方法来实现它。很久以前在维也纳，本书作者就开始寻找理想的教育方法，最后的结果是我们在很多学校设立了儿童教育咨询诊所[1]。

建立这些咨询诊所的目的就是要让现代心理学知识服务于教育系统。这些诊所会邀请一位既懂心理学又了解教师和家长实际情况的合格心理学家，与学校的老师一起开展一天的心理咨询活动。这一天老师们要先开会，每个人讲一讲各自班级的问题儿童的具体情况，例如懒惰的、扰乱课堂的、偷别人东西的等。先由老师讲述具体案例，然后心理学家分享其经验。接着大家讨论：问题的原因是什么？问题是在什么时候出现的？应该采取什么对策？还要对儿童的家庭生活和整个心理发展过程进行分析。最后，在综合以上所有信息后，大家再集体决定针对某一儿童的具体措施。

咨询活动的第二个环节是孩子和母亲共同到场，孩子的母亲会先被叫进来。注意，事先要想好与孩子母亲沟通的策略和方式。大家先跟母亲解释说明孩子的问题，然后再听听母亲这边的说法。接下来，母亲开始和心理学家讨论。通常情况下，母亲看到有这么多人在关心自己的孩子，都会很高兴并且乐意配合。如果某个母亲不愿配合，情

1　参见《引导孩子》一书，阿尔弗雷德·阿德勒及其同事著，格林伯格出版社，纽约。该书详细介绍了这种儿童教育咨询诊所的发展历史、所运用的技巧方法和相关结果。

绪抵触，那么就要由一个老师或心理学家跟她讲讲类似的情况，以及其他孩子的母亲是如何处理的，直到说服她为止。

最后，当大家达成一致意见，定下帮助孩子的具体办法，再把孩子叫进来。老师和心理学家都在场，由心理学家跟孩子交谈，但绝对不说孩子犯了什么错误。心理学家会客观地分析问题所在、问题的原因以及导致孩子无法顺利成长背后的思想根源，言语应通俗易懂，就像给孩子上课一样，让孩子容易理解。心理学家会跟孩子讲明白，为什么他会觉得自己处处不顺、屡屡受挫，而别的孩子却顺风顺水、人见人爱，以及他是如何一步一步地走到对成功不抱任何希望的，等等。

上述的咨询方法已被采用将近15年了，很多受过这种咨询培训的老师都对工作很满意，没有人想过要放弃这项工作，大家都乐观地坚持了4年，6年，甚至8年。

对于孩子来说，他们从这种心理咨询中得到的收获更大。曾经的问题儿童，心理重获健康——他们学会了合作，找到了信心。那些没有参与心理咨询的孩子也从中受益。当某个班级出现问题儿童的迹象时，老师会建议孩子们一起讨论，把问题说开。当然，讨论是在老师的指导下进行的，每个孩子都有参与并充分表达的机会。比如针对课堂上的懒惰行为，孩子们会一起分析原因，最后形成一些一致意见。即使那些懒惰的孩子不知道大家正在讨论的就是他的问题，也会从中获得很多启发。

以上的简要叙述是想给大家一个示例，让大家看到心理学与教育是可以融合的。心理学与教育是同一现实和同一问题的两个方面。要引导人的心灵，就需要知道心灵的运作方式。一个人一旦知晓了心灵和心灵的运作方式，就会自觉地利用所学的知识，把人的心灵导向更高尚、更宏伟的目标。

第十一章

来自外部的影响

个体心理学的心理观和教育观都足够包容和宽广，因此所谓的"外部影响"自然逃脱不了其研究视野，而老一套的所谓内省心理学的视野就太狭隘了，以至于为了弥补和解释被它排斥在外的事实，德国心理学家威廉·冯特认为有必要再发明一门新的学科——社会心理学。这对个体心理学来说则没有必要，因为个体心理学既研究个体，同时也研究社会。个体心理学不会只专注于个体心理而忽视外部环境，因为环境会激发心理活动；也不会只专注于研究环境而无视其对个体心理的影响。

任何教育者或老师都不要认为自己是儿童获得教育的唯一来源。各种外部的思潮终究会波及儿童的心灵，直接或间接地影响着儿童。换言之，外部影响可以通过影响儿童的父母，把某一特定的心理状态传递给儿童。外部环境的影响是无法避免的，因此必须纳入考虑范围。

首先，教育者必须考虑儿童的家庭经济状况。例如，我们应该知道，有些家庭世世代代经济贫困，生活悲苦，挣扎度日。这些家庭的生活如此辛酸凄惨，以至于无法在孩子身上培养出健康和合作的态度。在人类心灵的荒原边疆，在个体心理的极限地带，哪里会有合作精神的生存空间。这些家庭所面对的现实，就是惶惶不可终日。

此外，我们也不能忘记，长期的半饥饿状态或糟糕的经济状况也会影响父母和儿童的身体健康，而身体健康状态会直接影响心理的状态。这一点在战后（第一次世界大战）欧洲出生的儿童身上表现得尤为明显，这一代儿童要比战前的几代人更难抚养。除了经济状况对儿童成长的影响之外，我们也要考虑到父母对儿童生理卫生的无知。这种无知与父母对孩子谨小慎微和娇惯溺爱的态度密切相关。父母总想溺爱孩子，怕给孩子带来哪怕一丁点儿的痛苦。但有时候他们却又粗心大意，例如他们想当然地认为，儿童的脊柱弯曲会随着年龄的增长自然变得正常，因而没有让孩子及时就医，这显然是个错误。尤其是在那些医疗设施一直很完善的城市，更有条件及时就医。儿童不佳的身体状况如果不能得到及时治疗，可能会导致严重和危险的疾病，这可能会给儿童留下严重的心理创伤。所有的疾病都属于心理上的"危险角落"，应该尽量避免。

如果这些"危险角落"无法完全避免，那么我们可以通过培养孩子的自信心态和社会情感来大幅降低它们的危险性。事实上，只有当一个孩子完全没有社会情感时，他才会在心理上受到疾病的影响。如果一个孩子在成长的过程中能始终感觉到自己属于社会整体的一部分，那么他就不会像被娇惯的孩子那样容易受到危险疾病的影响。

很多案例表明，在患了诸如百日咳、脑炎、舞蹈症（身体部位不自主地抽动）等疾病之后，孩子往往会开始出现心理上的问题。人们会认为是这些疾病造成了孩子的心理问题，但事实上，这些疾病只是孩子内在人格缺陷的外部诱发条件。孩子在患病期间会感到他具有了某种力量，因为他发现自己生病时就是家庭的主宰者，可以让家人都围着他转。看到父母脸上的恐惧和焦虑，他知道这都是因为他的疾病。而疾病痊愈之后，他还想继续成为家人关注的中心，为此他会想方设法地支配父母。当然，这种情况只会发生在那些缺乏社会情感教育的孩子身上，因为他们会抓住一切机会来表现自我。

另外，还有一种情况很有意思。有时候，一场疾病也可能是一个孩子的性格发生好转的契机。这个案例来自一位教师家庭的第二个孩子。这位老师为自己的儿子操心不已，不知道该拿他怎么办才好。这个男孩有时会离家出走，在学校也一直是班上最差的学生。有一天，正当他父亲要把他送进青少年教养院时，他被发现得了髋关节结核，这种病需要父母长期的悉心照顾。当这个孩子终于康复时，他变成了家里最乖的孩子。他所渴望的是父母额外的关心，这在他患病期间得到了满足。以前他之所以不听话，是因为他总觉得自己活在聪明又优秀的哥哥的阴影之下。由于他不能像哥哥那样被父母欣赏，就一直在抗争。但这场疾病使他明白，家人也像喜欢哥哥一样同样喜欢他，因此他的行为举止开始向好的方向转变。

关于疾病有一点值得注意，那就是孩子的心灵经常会被他们所经历的疾病打上深刻的烙印。那些凶险的疾病以及死亡往往会让儿童感到意外和惊恐。疾病在儿童脑海中留下的烙印会在他们以后的生活中显现出来，我们发现，很多人对疾病和死亡有着非常执着的兴趣。有一部分人能够正确利用这种兴趣，他们有的成了医生，有的当了护士。还有相当一部分人总是忧心忡忡，始终无法摆脱疾病的困扰，这也妨碍了他们的正常工作。一项对100多个女孩的过往经历的调查发现，有近50%的女孩承认，她们一生中最大的恐惧就是有关疾病和死亡的想法。

父母务必注意不要让童年的疾病给孩子留下太深的印象。父母应该让孩子对生老病死这类现实做好心理准备，避免他们受到突如其来的打击。父母应该让孩子懂得：生命的确短暂，但又长得足以让人活出人生的意义。

儿童生活中的另一类"危险角落"是与到家里做客的陌生人、熟人或亲朋好友的接触。在这种场合下，访客往往会犯一些错误，因为他们并非真的对孩子有兴趣。这些客人喜欢逗孩子玩或者做一些别的事，目的不过是要在最短时间内赢得孩子的好感。他们使劲地夸赞孩子，这会让孩子变得自负。在短暂逗留期间，他们会变着法儿地宠爱孩子，这会给父母平时对孩子的教育带来麻烦。所有这些情形都应该被避免。任何外人都不应扰乱父母对孩子的教育方式。

此外，外人还经常会弄错孩子的性别，比如把一个男孩称为"漂亮的小姑娘"，亦或反之。这也是应该避免的，其中的原因我们将在关于青春期的那一章中进行讨论。

家庭的大环境也非常重要，因为一个家庭参与社会生活的多少自然会给孩子以暗示，换句话说，是家庭的大环境给了孩子关于集体合作的第一印象。在很少与外界交往的封闭家庭中长大的孩子，会在家人和外人之间划出一道清晰的界线。他们觉得自己家庭与外面世界之间似乎存在着一条鸿沟，因而会对外界充满敌意。封闭的家庭生活限制了孩子的社会交往，这会让孩子疑心很重，凡事只关心自己的利益，因此妨碍了他们社会情感的养成。

孩子到了3岁，就应该已经准备好与其他孩子一起玩耍，也不应再害怕陌生人，否则孩子以后会腼腆羞怯，过于以自我为中心，并且会对他人产生敌对态度。一般来说，这种性格特质在娇生惯养的孩子中较为多见，这类孩子总想要"排斥"别人。

如果父母能在早期就纠正这种性格特质，可以肯定，孩子长大后会省去很多麻烦。如果一个孩子在三四岁之前教养得当——父母能培养他多与别的孩子一起玩耍，体会集体精神，那么他不仅不会腼腆羞怯和过于自我，而且还可以避免可能的神经症甚至精神疾病。精神疾病和神经症只会发生在那些生活封闭的人、对他人不感兴趣的人、以及缺乏合作技巧的人身上。

在讨论家庭环境时，我们不妨说一下由于家庭经济状况的改变而带来的一些难题。如果一个家庭曾经富有，尤其是在孩子很小的时候很富裕，后来家道中落，这显然会是一种困难的局面。对于一个娇生惯养的孩子来说，这样的处境是最难受的，因为他还没有准备好要如何面对不再众星捧月的生活。他留恋着过去的养尊处优，并为此抱怨不已。

如果一个家庭突然由穷变富，同样也会给孩子的培养带来挑战。这样的父母还没有做好准备如何正确使用财富，所以很大程度上在培养孩子方面会犯错。他们想让孩子享受美好生活，宠爱他们，溺爱他们，因为他们觉得现在再也不用节衣缩食了。因此，暴富家庭往往会出现问题儿童，暴富父亲的问题儿子就是最典型的例子。

如果孩子在如何与他人合作方面得到了适当的培养，那么类似的困境乃至灾难性后果都是可以避免的。上述所有情形就像一扇扇打开的大门，让孩子从训练成长的营地里逃跑了，他们逃避了必要的合作意识与集体精神的培养，我们要特别留意这一点。

儿童不仅会受到家庭物质环境失衡的影响，如一直贫困或突然暴富，而且会受到家庭心理环境失衡的影响。我们首先想到的是某些家庭状况对儿童心理造成的伤害。这种伤害可能源自家庭中某个人的行为，例如父亲或母亲做了一些被世人不齿的事情。这种状况会给儿童的心理带来很大冲击，儿童会对未来充满恐惧和不安，总想躲避同伴，害怕别人知道其父母的为人。

父母的责任不仅在于为孩子提供阅读、写字和算术方面的教育，还在于给他们提供一个健康的心理成长环境，这样他们就不会比别的孩子承受更多额外的压力。因此，如果一个父亲脾气暴躁或是个酒鬼，他必须记住这一切都会影响到他的孩子。如果丈夫与妻子的婚姻不幸福，争吵不断，受到伤害的也还是孩子。

儿时的经历就像刻在儿童灵魂里的鲜活烙印，挥之不去，令人难以忘怀。当然，如果儿童接受过关于如何与人合作的培养，那么就可以消除这些儿时经历的消极影响。然而，正是这些儿时的消极环境让儿童没有机会从父母那里接受到合作意识的培养，这就是为什么近年来大家采取协调一致的行动，在学校里设立儿童心理辅导诊所的原因。如果家长因为这样或那样的原因未能履行应尽的职责，那么这项工作就需要由一位受过心理教育训练的老师来负责完成，从而引导孩子过上健康的生活。

除了个人家庭情况外，国籍、种族和宗教等因素也会对儿童的心理造成伤害。人们总会发现，这种伤害不仅仅会影响到被羞辱的孩子，也会反噬羞辱者。羞辱者会变得傲慢和自负，他们认为自己是特权集团中的一员，但当他们真的去兑现那些自封的优越与特权时，才发现原来自己什么也不是。

国家之间的偏见、种族之间的偏见无疑是战争的根本原因。战争是人类的巨大灾难，要拯救人类的进步和文明就必须消除战争。教师的任务就是要给儿童讲清楚战争的真实面目，不能让他们轻易得到机会通过舞刀弄枪、诉诸武力来追求优越，因为这不是文明生活所需要的正常心理准备。有很多男孩参军是由于他们童年时期所受的军事教育，但除了这些参军的孩子，还有更多的孩子由于童年玩的战争游戏产生了终生的心理缺陷。这类孩子会像武士一样地活着，总是寻衅滋事，永远也学不会如何与同伴和睦相处。

到了圣诞节或其他节日，父母应特别留意孩子手中的玩具和游戏。他们应该远离武器类玩具和各种战争游戏，以及鼓吹战争英雄和战斗事迹的书籍。

关于如何给儿童选择合适的玩具有很多东西可以讲，但基本原则就是应该选择能培养孩子合作意识和有益于他们将来职业的玩具。这点很好理解，孩子能在这种游戏中动手动脑，组装一些东西，这要比玩那些现成的玩具更有意义，比如抱抱洋娃娃或摸摸玩具狗等。顺便说一下，关于宠物，应教育孩子不要把动物当作一种玩具或游戏，而应看作人类的伙伴。儿童不应害怕动物，也不应对动物随意使唤或残忍虐待。如果发现儿童对动物表现出残忍行为，就要怀疑他们有支配他人和欺负弱小的倾向。如果家里有养动物，比如鸟、狗和猫，应教育孩子把它们看作和人类一样能感知痛苦的生命体。学习与动物友好相处可以被视为儿童学习与人合作的一个预备阶段。

孩子的成长环境中总少不了各种亲戚，首先就是祖父母。我们必须客观公正地想一想祖父母面临的困境。在当今的社会文化中，这辈人的处境和地位是一个悲剧。随着一个人年龄的增加，他本应拥有更多的施展空间，更多可做的事情，以及更广泛的兴趣。但恰恰相反，我们社会中的老人会感觉到他们被遗弃在一边，可以说是被排挤到了犄角旮旯。这太令人遗憾了，因为如果给这些老人更多的工作和奋斗的机会，他们还可以做很多事情，还可以继续享受幸福人生。永远不要劝 60 岁或 70 岁，甚至 80 岁的人退休。对于一个人来说，能继续从事自己的事业，要比退休后改变整个人生轨迹要容易得多。但是，由于我们错误的传统习惯，那些老年人在仍然充满活力的时候就被束之高阁了，我们没有给他们继续展示自我的机会。这样做的后果就是祖父母一辈遭遇的不公待遇终会反噬到我们的孩子身上。因为祖父母总在想方设法地证明自己，证明自己还有一口气，证明自己还有价值。他们本来无须这样做。于是，他们就会在孙辈的教育问题上指手画脚。他们会极尽溺爱孩子之能事，以证明自己仍然懂得如何抚养孩子。对儿童的成长和教育来说，这简直是一种灾难。

我们应该避免伤害这些善良老人的感情，但是在给予老人们更多做事机会的同时也要告诫他们，儿童的成长目标是要成为独立的个体，他们不是任何人的玩物。家庭的内部纠纷也不应牵涉和利用孩子。如果老人和孩子的父母发生争论，不管老人是输还是赢，都不要让他们把孩子当作他们的筹码。

在研究心理疾病患者的经历时，我们发现有太多的患者都曾受到祖父母的溺爱！我们立刻明白，这种溺爱导致他们童年的成长出现了问题。老人的溺爱要么意味着过度纵容孩子，要么意味着挑起其他孩子的竞争和嫉妒。很多孩子会对自己说："我是爷爷／姥爷最喜欢的孩子。"而如果孩子在别人那里不再是最受喜欢的人，他们就会感到伤心。

接下来对儿童有重要影响的亲戚，是那些"优秀的堂／表兄弟姐妹"。这些亲戚可被视为一种大麻烦。有时候，他们不仅聪明而且长得好看。可想而知，一个孩子如果有这样聪明或漂亮的亲戚，他的心里会是什么滋味。如果这个孩子有信心和勇气，有社会情感，他就会明白要变得聪明不过意味着要更刻苦地努力，从而想方设法赶超聪明的亲戚。但如果他相信人的才华是上天的恩赐，聪明都是天生的，那么就会感到自卑，并抱怨命运的不公。很多孩子往往真的会这样想，于是其整个成长过程就会受到阻碍。至于美貌，可以肯定，这是大自然馈赠的礼物，但美貌却过于被我们的社会文明所看重了。可以看到，一个孩子的生活风格出现问题，其痛苦的根源有时候可能就在于他有一个比自己更漂亮的堂／表兄弟姐妹。即使过去了二十年，人们仍然能真切地感受到童年时期对漂亮堂／表兄弟姐妹的羡慕和嫉妒。

要避免这种对美貌的过度迷恋带来的危害，唯一的办法就是教育孩子，身体健康和与人相处的能力比美貌更为重要。不可否认，美貌是有价值的，美丽的外表总比丑陋的外表更令人向往。不过，如果我们在谋划事情的时候能理性地考虑问题，就不会把某一种价值与其他相关的价值剥离开来看待，也不会把某一种价值视为最高价值。然而遗憾的是，对于美貌的价值，很多人都采取了非理性的看法。事实证明光有美丽的外表不足以让人过上理性和美好的生活，因为我们发现在各种类型的罪犯当中，虽然有不少相貌丑陋之人，但也有一些是俊美男子。不难理解这些相貌堂堂的男孩是如何沦为罪犯的。他们知道自己相貌英俊、人见人爱，就认为一切都可以不劳而获、如愿以偿，因此也就没有为自己的人生做好适当的准备。直到后来，他们发觉不付出努力就解决不了任何问题，于是就选择了一条最轻松的捷径，随即走上犯罪的道路。正如古罗马诗人维吉尔所说："堕落地狱的道路最轻松。"

关于儿童的阅读，应当在这里再说上几句。该让儿童读什么样的书呢？又该如何对待童话故事呢？这里的关键就是我们往往忽略了一个事实，即儿童理解事物的方式与成年人截然不同。我们还忽略了另一个事实，即每个儿童都是根据他们自己特有的兴趣爱好来理解事物的。如果孩子生性胆怯，那么他就会在童话中寻找那些褒扬胆小怕事的故事，并由此一路胆小下去。在给儿童看童话的时候，大人一定要适当给予解释说明，这样儿童才能真正理解那些故事想要表达的意思，而不至于只凭自己的主观臆想而产生误解。

童话故事当然深受儿童喜爱，甚至成年人也能从中获益。但有一点需要明确，就是要保持对故事中特定时代和特定地区的距离感。儿童往往还不能理解时代差异和文化差异。在阅读一个写作于完全不同于当今时代的童话时，他们不懂得要用不同的眼光去看待那个时代人们的观念，而会全盘接受。童话里总是有个王子，王子总是被描绘得英明神武，其品行美德总是被大加赞美，令人神往。当然，这些故事里所描述的情形都不是真实存在的，它代表的只是某个特定时代人们的一种理想化的观念。那个时代的人们需要崇拜王子，这一点需要跟儿童解释清楚。儿童应该知道那些神奇魔法的背后是人们的想象和虚构，否则他们长大后可能凡事都要寻找捷径，而不想付出努力。有一个 12 岁的男孩，当被问及长大后想干什么，他说："我想当一个魔法师。"

如果能加以恰当的点评和解释，那么童话故事就可以成为一种向儿童灌输合作意识、开阔儿童视野的载体。至于电影，可以说带着 1 岁的孩子去看电影是没有什么问题的，但年龄稍大一点的孩子总会误解电影，甚至童话剧也常被他们误解。例如，一个 4 岁孩子在剧院里看过一场童话剧，直到多年以后，他仍然相信世界上真的有卖毒苹果的妇人。很多孩子不能正确理解电影或童话剧的主题，或会以偏概全，这就需要父母来向儿童解释一场演出想要表达的内容，直到他们能正确理解为止。

还有一种外部影响，就是看报纸。尽可能不要让儿童接触报纸，因为报纸是写给成年人看的，不是为儿童准备的。有些地方有专门的儿童报纸，这当然是好事。但对于普通报纸来说，它为那些毫无准备的儿童展现的全部是一幅幅扭曲的生活画面。慢慢地，儿童会认为人的一生中充满了各种谋杀、违法犯罪和天灾人祸。关于各种灾祸的新闻报道尤其会使儿童感到不安和难受。我们可以从成年人的口中得知，他们小时候是多么害怕火灾，这种恐惧又是如何长久地困扰着他们。

外部环境因素有很多，本章所讲的这些情形不过是父母和教育者在培养和教育儿童时必须考虑到的其中一小部分。然而，这些却是最重要的部分，因为它们阐明了处理问题的基本原则。个体心理学家一直不厌其烦地强调"社会情感"和"信心与勇气"这两个口号。正如其适用于其他问题一样，在对待影响儿童成长的外部环境因素上，这两个口号也同样适用。

第十二章

青春期与性教育

关于青春期的各种文献和书籍早已汗牛充栋。青春期确实是一个重要话题，但它并非完全像人们通常所想象的那样。每个人的青春期都各不相同。我们发现，青春期的孩子有的努力上进，有的笨拙迟缓；有的衣着整洁，有的邋里邋遢。我们也发现，有些成年人，甚至老年人的言行举止还都像个青少年。从个体心理学的角度来看，这种现象并不奇怪，它不过是表明这些成年人的成长过程早已止步于人生的某个阶段。事实上，个体心理学认为，青春期不过是一个人人都须经历的成长阶段。我们不认为任何一个成长阶段或任何一种处境可以改变一个人。不过，青春期确实是一个测试，即作为一个新的处境，它可以使一个人过往所形成的人格特质显现出来。

例如，如果一个孩子在童年时期被管束得比较严格，没有什么自主权，也没有充分表达自己意愿的机会，那么到了生理和心理都得以快速发展的青春期，这些孩子就会像被解开枷锁一样。他们会迅速成长，人格也会沿着合理的轨迹塑造成型。与此相反，有一些孩子会停下脚步，开始回望和留恋过去的童年。留恋着过去就意味着迷失在当下，他们对生活提不起兴趣，性情变得非常内向。与那些在童年时期一直受到压抑，到了青春期开始释放能量的孩子不同，这类孩子青春期的种种表现无非都在表明，娇生惯养的童年使他们未能对生活做好准备。

与过往的任何成长阶段相比，在青春期我们可以更好地了解一个人的生活风格，原因自然是青春期比童年时期更接近生活的前沿。到了青春期，我们可以更好地看出一个人将如何依科学理性行事，还可以看出他是否交友广泛，是否有社会情感并能成为社会的一员。

有时候，青少年在社会情感方面的表现反倒不是缺乏，而是极度夸张。我们经常会见到一些青少年，他们对社会情感的掌控失去了平衡，一心只想牺牲自己的生活来适应他人。他们在适应社会方面用力过猛，这将不利于他们的成长。我们知道，如果一个人真的想表示对他人的兴趣，想为大众的福祉而努力，那么他必须首先做好自己的事情。他身上必须要有能拿得出来、值得奉献于他人的东西，否则奉献就成了一句空话。

另一方面，我们看到有许多 14 岁至 20 岁之间的青少年会觉得自己在社会上迷失了。14 岁时，他们离开原来的学校，与过去的同学伙伴失去了联系，而建立新的人际关系还需要很长一段时间，这期间他们会感到完全与社会脱离，非常孤独。

接下来，关于职业问题，青春期也能给我们以启示。它能揭示出由一个人的生活风格所形成的人生态度。我们会发现，一些年轻人表现得非常独立，工作出色，这表明他们正走在正确的成长道路上。而另一些年轻人会在青春期内停止成长，他们找不到适合自己的职业，总是在变来变去，不是换工作就是换学校，要么干脆不想工作，成天无所事事。

上述所有症状没有一个是在青春期内产生的，这些问题在青春期之前早已形成，只不过此时更加明显地表现了出来。假如一个人真的了解某个孩子，那么他就能准确地预测这个孩子在青春期的表现，因为青春期的孩子有了更多自我表达的机会。童年时期的孩子往往受到大人更多的关注、保护和限制，因此缺少自我表达的机会。

我们再来看一下前面讨论过的所谓生活的第三大基本问题——爱情与婚姻。青少年对这个问题的回答可以揭示出他们人格上的哪些问题呢？同样，对这个问题的回答也与青春期之前的成长阶段密切关联，只不过青春期的心理活动比之前更加强烈，因而答案也显得比之前更加清晰明确。我们发现，有些青少年完全清楚自己应该如何面对爱情和婚姻。在追求爱情时，有的人浪漫，有的人勇敢，虽然这两种对异性的行为风格不同，但都是恰当合理的。

然而，另一些青少年处于相反的极端，他们在对待性的问题时变得异常腼腆害羞。可以这么说，他们越是接近成年，即将走入社会，越是表现出在过往的成长过程中没有做好相应的心理准备。观察一个孩子在青春期的人格表现，可以让我们对他未来的人生轨迹做出可靠的判断。如果我们想要改变他的未来，也知道该怎么去做。

如果一个青少年对异性表现出非常消极的态度，那么追溯他之前的生活就会发现，他很可能是一个性格反叛的孩子，也可能因为家里有其他兄弟姐妹更受父母宠爱而感到压抑沮丧。所以，他认为现在自己必须要强硬起来，于是便摆出一副傲慢的态度，拒绝一切情感的诱惑。因此，他现在对性的消极态度反映的正是他童年时期的不快经历。

青春期的孩子经常渴望离家出走。这可能是由于孩子一直对家庭处境感到不满，因此一有机会就渴望切断与家庭的纽带，不想再得到家庭的任何支持与帮助。其实，青春期继续得到家庭的支持对孩子和父母都有好处。否则，一旦孩子的成长出现了问题，孩子就会拿父母没有帮助他们作为失败的借口。

那些没有离家出走的孩子也有离家的倾向，只是他们的渴望没有那么强烈而已。他们会寻找一切机会夜不归宿，因为在夜间外出的乐子要比老老实实待在家里诱人得多，这是一种对家庭的无声抗议。这些迹象表明，孩子在家里感受不到自由，处处受到父母的监视和约束，他们从来没有机会表达自己，也没有机会发现自己的错误。如果照这样发展下去，那么青春期对这类孩子来说即是一段危险的时间。

在青春期，许多孩子会比以前更强烈地感受到突然失去了别人的欣赏和表扬。也许他们以前在学校里是好学生，深受老师的青睐，后来突然换到一所新学校，或者进入一个新的社会环境，或者开始从事一个新职业。而且我们也知道，曾经学校里最优秀的学生到了青春期未必仍然是最优秀的。看起来似乎是他们发生了某种变化，但实际上他们自身并没有改变，不过是原来的处境不像现在的新处境能更真实地暴露出他们的人格。

由此可见，避免这些青春期烦恼的最好办法之一，就是培养青少年对友谊的追求。儿童之间应该是好朋友、好伙伴，这不仅适用于外人，也同样适用于家人。家庭成员所组成的应该是一个彼此信任的集体。儿童也应该相信父母和老师。实际上，到了青春期，只有那些一直以来把儿童当作朋友与伙伴，对儿童富有同情心的父母和老师，才有能力和机会继续引导儿童。除此之外，任何类型的父母或老师，一到青春期就都会被儿童拒之千里于之外。儿童不会给他们一丁点儿的信任，会把他们视为完全不相干的外人，甚至视为敌人。

人们发现，正是在青春期，一些女孩子会表现出对女性角色的厌恶，而且她们会试图模仿男孩子。要模仿男孩子，自然是最容易从那些青春期的恶习入手，即抽烟、喝酒、拉帮结伙，这比效仿努力工作这样的优点要容易得多。而且她们还会振振有词，找借口说如果不去模仿那些恶习，男孩子就不会对她们感兴趣。

如果我们分析一下这些青春期女孩的"男性反抗"，就会发现她们从很小的时候就已经开始不喜欢自己的女性角色，然而这种厌恶情绪一直被掩盖着，直到青春期才明显地表露出来。这就是为什么观察女孩在青春期的行为表现如此重要，因为只有这样我们才能了解将来她们对待性别角色的态度。

青春期的男孩往往喜欢扮演聪明博学、坚毅勇敢和自信满满的男人。但也有一类男孩，他们害怕自己的问题，不敢相信自己是一个真正、彻底的男子汉。如果以前在对这些男孩的男性角色教育中存在任何缺陷，那么现在就都会暴露出来了。他们会表现得阴柔，有女孩一样的行为举止，甚至还会去模仿一些女孩的恶习，如卖弄风情、忸怩作态等。

与男孩中的极端女性化类似，有些男孩在典型的男性特质方面确有过人之处，甚至会把这些特质发挥到极端乃至邪恶。他们酗酒纵欲，有时甚至仅仅因为想炫耀一下男子气概，就会去干违法犯罪的事情。这些恶劣行为往往出现在那些想高人一等、成为领导者并在同伴面前炫耀的男孩身上。

虽然这类青少年会表现出无所畏惧、雄心勃勃的样子，但他们的内心深处实则隐藏着怯懦的性格特质。最近几年，美国几起臭名昭著的案件就属于这种类型，例如希克曼、利奥波德和勒布[1]。如果考察这类人的生活经历就会发现，他们只为寻求轻松安逸的生活，总在寻找成功的捷径。他们的这种表现是冲动而不是勇敢，而冲动加懦弱正是造成犯罪的两个绝佳因素。

我们经常会看到，在青春期，有的孩子会第一次动手打父母。如果我们不去寻找隐藏在这种行为背后的人格整体性，那么就会认为是这些孩子突然变了。但是考察了他们之前的成长过程就会意识到，他们的人格是前后一致的，并没有改变，只是到了青春期，他们有了更大的力量和更多的机会能够实施动手打人这样的行为。

还有一点值得注意，到了青春期，每个孩子都会觉得自己面临着一个考验——他们觉得必须要拿出一些证据来证明自己已经不再是个小孩子了。这显然是一种非常危险的想法，因为每当我们觉得有必要去证明什么东西时，就可能用力过猛而过犹不及。青春期的孩子正是如此，他们往往会做出一些出格的事情。

这一点确实是青春期最主要的症状。解决这个问题的办法就是要跟孩子说明，他们不需要向别人证明他们已不再是小孩子，我们也不需要他们证明。通过告诉他们这一点，我们或许可以避免上面所说的种种用力过猛的行为。

在青春期，还有一类女孩会倾向于把性关系夸张化，变成"花痴"。这类女孩总是和她们的母亲吵架，并且总认为自己受到了压制

1　译者注：20世纪20年代美国三个年轻的杀人犯

（也许真的是这样）。她们会随意与碰到的任何异性交往，目的只是为了激怒母亲。她们知道母亲如果发现了就会痛苦不堪，而她们则会得意开心。许多青春期的女孩会因为和母亲吵架或父亲管教过于严厉而离家出走，然后就和男性发生了第一次性关系。

这事想来挺讽刺的——父母严格管束女儿，目的就是希望女儿成为一个好女孩，结果却事与愿违，由于父母对人的心理缺乏了解，最终导致了一个坏结局。这种情况的过错不在女儿，而在她的父母，因为父母没有让女儿做好适当的准备去面对那些她成长过程中必然会遇到的状况。在女孩进入青春期之前，父母为她们提供了过多的庇护，以至于她们未能发展出应对青春期的各种陷阱所必需的判断力和自立能力。

有时问题并不出现在青春期之内，而是出现在青春期之后，也就是婚姻当中，然而其中的道理都是一样的。只是这样的女孩比较幸运，所以她们在青春期没有遇到什么不利的情况。但是不利的情况迟早会发生，为此做好准备总是必要的。

这里仅引用一个案例来具体说明青春期少女的问题。这个女孩15岁，来自一个非常贫穷的家庭。不幸的是，她有一个长年生病的哥哥，不得不一直由母亲来照顾。从幼年开始，这个女孩就注意到她受到的关注与哥哥不同。祸不单行，她出生的时候父亲也病了，母亲要同时照顾父亲和哥哥两人。这下子，她面前有了两个每天在展示被照顾和被关注意味着什么的范例，于是她一直非常渴望得到别人的关爱和欣赏。但在家里，她得不到。雪上加霜的是，又有一个妹妹出生了，之前分配到她身上本就少得可怜的关爱这回彻底一点不剩了。命运就是如此弄人，她妹妹一出生，父亲的身体也恢复了。所以，妹妹得到了比这个女孩幼年时期更多的关爱。所有孩子对这类事情都很敏感，这个女孩也不例外。

因此，这个女孩在学校里拼命努力学习，以补偿自己在家得不到的关注。她成了班里学习最好的学生，因为成绩优秀，老师建议她继续学业，争取读完中学。但是进入中学后，情况发生了变化。她的学习成绩不再那么优秀了，原因是新来的老师不了解她，也并不欣赏她。而她自己一直在渴望得到别人的赏识，现在家里和学校都没有人欣赏她，她只好另寻出路。于是，她出去找能欣赏她的男子。她找到了这样一个男子，但在和他一起住了两个星期后，那个男人就厌倦了她。我们可以预料到这种事情的最后结局，也可以预知，这个女孩很快会意识到这不是她想寻找的那种欣赏。这期间，她的家人开始担心，并去寻找她。突然，家里收到了一封她的来信，信中说："我服毒了。但你们不用担心，我很快乐。"自然，在寻找幸福和欣赏失败之后，她接下来的想法就是自杀。不过，她没有真的自杀，而是以自杀作为恐吓手段来让父母原谅她。她继续在街上游荡，直到母亲找到她，并把她带回家。

如果这个女孩像我们一样，能够知道她迄今为止所做的一切都是为了得到别人的欣赏，她的一切行为都被这种渴望支配着，那么以上所有的事情就不会发生了。而且，如果她的中学老师能意识到这个女孩在升入中学之前学习一直很优秀，她所需要的只不过是一点适度的欣赏，那么悲剧同样也不会发生。如果这一连串阴差阳错中的任何一个环节能够处理得当，她都不至于走向堕落。

这就引出了性教育的话题。近年来，性教育的问题被过分夸大了。我们可以这样说，很多人在性教育的问题上已经疯狂，丧失了理性。这些人认为不管什么年龄的儿童都必须接受性教育，他们过分夸大了儿童性无知带来的风险。但是如果我们回顾一下自己以及别人的过去就会发现，这些人想象的各种问题和风险其实并不存在。

个体心理学的经验告诉我们，应该在孩子两岁的时候告诉他／她，他／她是男孩还是女孩。这时候还应该向他们解释清楚，人的性别是不会改变的，男孩长成男人，女孩长成女人。如果能做到这一点，那么即使缺乏一些其他性知识，也不会有太大的风险。如果能让孩子真正明白，女孩不能像男孩那样被教育，男孩也不能像女孩那样被教育，那么性别角色就会在他们的脑海中固定下来，他们必定会以正常的方式成长并为自己的性别角色做好准备。反之，如果孩子相信通过某种手段可以改变自己的性别，那么麻烦就会来了。同样，如果父母总是表现出想要改变孩子性别的想法，也会给孩子带来麻烦。小说《寂寞之井》[2] 中就有一段精彩的文字，描述的正是这种情形。有的父母往往很喜欢像培养男孩一样来培养女孩，亦或反之。他们会给女孩穿上男装或给男孩穿上女装来照相。有时也有这种情形，一个女孩看起来像个男孩，然后周围人就开始用称呼男孩子的方式来称呼她。这有可能引起孩子的极大困扰，应尽力避免。

任何倾向于贬低女性并认为男性更优越的言论也都应该避免。孩子应该明白，男女两性是平等的。这一点很重要，这不仅是为了防止被贬低的女孩子产生自卑情结，而且也为了防止对男孩子产生不良影响。如果男孩子没有被教育成对自己的性别有优越感，他们就不会把

2　英国作家拉德克利夫·霍尔（Radclyffe Hall）著，首次出版年限为 1928 年。该书被认为是世界上第一本有关女同性恋的小说——译者注。

女孩子仅仅看作泄欲的对象。如果男孩子知道自己未来的责任，他们也就不会以卑鄙的心态来看待两性关系。

换句话说，性教育的真正问题不在于仅向孩子们解释性关系的生理机制，而在于需要培养他们对爱情和婚姻的全面、正确的态度。这与孩子的社会适应能力密切相关。如果一个人在适应社会方面出现了偏差，他就不会认真对待两性关系，而是完全从自我放纵的角度来看待性的问题。这种情况的确经常发生，它反映出我们社会文化中的缺陷。女人往往因此成为受害者，因为在我们的社会文化中，男人占据着主导地位。其实，男人也是受害者，因为他由此获得的虚构的优越感使他不能体会到两性关系的真正价值。

孩子没有必要过早地接受关于性的生理知识的教育。父母可以等到孩子对这些事情变得好奇，等到孩子想具体了解某些事情的时候再告诉他们也不迟。如果孩子因为过于害羞而难以启齿，平时对孩子比较上心的父母会知道什么时候该主动给孩子讲这方面的知识。如果孩子把父母看作是自己的伙伴，那么他自然会发问。父母的回答要讲究方式方法，既要适合孩子的理解程度，又要恰如其分，以避免引起孩子的性冲动。

此外，如果孩子有明显过早的性本能的表现，我们也不要大惊小怪，因为儿童的性发育很早就开始了。实际上，在出生后几周，婴儿的性发育就已经开始。可以完全肯定的是，婴儿也会体验到性刺激的快感，而且偶尔会人为地刺激自己身体的性敏感区。如果看到孩子有这种行为迹象，也不要不知所措，我们应该尽量制止这种行为，但不要显得过于紧张，如临大敌。如果孩子发现我们对这种事情过于担心，他们就会故意继续这么干，以引起我们的关注。不要误以为孩子的行为是由于性冲动的驱使，实际上他们是在利用这种习惯作为引人注意的工具。一般来说，幼童往往会试图通过玩弄自己的生殖器来引起父母的关注，因为他们知道父母害怕这种行为。这和孩子装病的心理是一样的，因为他们发现，自己生病时，父母对他们就会多些疼爱，多些体贴。

儿童应该避免过多接受亲吻和拥抱等身体上的刺激。这些刺激对他们来说是残忍的，特别是对青春期的儿童。儿童也应该避免在精神上受到有关性的话题的刺激。儿童经常会在父亲的书房里发现一些轻佻的色情图画，我们在心理诊所也常听说这样的案例。不应该让儿童接触到超出他们年龄理解程度的涉及性的物品，也不应带他们去看以性为主题的电影。

如果能让孩子避免所有类似的过早刺激，那么就没有必要担心了。我们需要做的就是在适当的时机简单地说上几句，不要惹恼孩子，要以真诚坦白、简单直接的方式给出答案。最为重要的一点是，如果你想保持孩子对你的信任，就绝不能对他撒谎。如果孩子信任父母，他就不会轻信从同伴那里得来的关于性的说法——也许有90%的人关于性的知识都是从同伴那里听来的，而会相信父母的解释。孩子与父母之间这种朋友式的互信合作关系，要比父母在回答孩子关于性的问题时的各种胡编乱造、掩饰托词重要得多。

如果孩子过多或过早地接触性，他们以后就会对性失去兴趣，这也是为什么最好不要让孩子看见父母做爱。如果可能的话，孩子不要和父母睡在同一个房间，当然更不要和父母睡在同一张床上。另外，姐妹和兄弟也不应睡在同一个房间。父母必须密切留意孩子的行为是否正常，同时也要留心那些来自外界的影响。

以上，我们概述了性教育中最重要的几个问题。我们看到，与儿童教育的其他方面一样，性教育的关键在于家庭内部的互信合作和朋友式的氛围。如果有了这种合作关系，加上从小对性别角色的认知，以及懂得男女性别平等，孩子就为未来的任何挑战都做好了准备。最重要的是，孩子已经充分准备好以健全的人格承担今后的人生使命。

第十三章

教育方法的错误

在抚养和教育儿童的过程中，父母或老师一定会遇到问题和困难，但我们绝不能因这些事情而气馁。即使我们的努力没有马上见效，我们不能也失去希望；即使孩子对我们的指导反应冷淡或极度被动，我们也不能预言失败。我们也不能受迷信思想的影响，认为儿童可以被分为有天赋的和没天赋的。个体心理学主张应该努力帮助所有孩子，通过给予他们更多的勇气和信心来激发他们的心智潜力。我们要教会儿童，不要把困难看作不可逾越的障碍，而应看作必须面对和必须解决的问题。虽然我们的努力和坚持不一定总能成功，但成功的例子要远远多过那些没有明显结果的例子。下面这个有趣的案例表明，我们的不气馁、不放弃是对的。

这是一个 12 岁的男孩，读小学 6 年级。虽然学习成绩很差，但他自己却毫不在乎，一副事不关己的样子。他小时候的生活经历极其不幸。由于得了佝偻病，他直到 3 岁左右才学会走路，快 4 岁了才开始说话，而且只能说只言片语。4 岁的时候，母亲带他去看儿童心理医生，医生对他母亲讲，他对这孩子的状况也无能为力。但母亲不死心，又把他送到了一家儿童指导机构。这家机构没帮到什么忙，他的发育进展仍十分缓慢。到了6岁，家人觉得他能够上学了。在上学的头两年，由于请人在家额外辅导了功课，他才得以通过学校的各种考试，后来又勉强读完了3年级和4年级。

在家里和学校，这个男孩皆因极其懒散而引人注目。他抱怨说自己无法集中注意力，听课总是走神。他无法与同学友好相处，同学老是取笑他，他也总表现得比他们弱。在所有的同学中他只有一个朋友，他们很要好，常会一起散步。他觉得其他同学都很讨厌，也不愿意和他们来往。他的老师也抱怨说这个男孩的算术很差，写字也不行，尽管老师认为他其实也能像别的孩子一样做好各种事情。

从这个男孩过往的经历和他目前所能做的一些事情来看，很明显，迄今为止对这个男孩的所有治疗都基于一个错误的诊断。这是一个正在遭受着强烈自卑感折磨的男孩，简言之，他有着自卑情结。这个男孩有一个成长顺利、学习优秀的哥哥。他父母说，哥哥可以不用怎么学习就考上中学。很多父母都喜欢夸口说自己的孩子都不用怎么学习，而孩子自己也喜欢跟着这样吹牛。显然，不刻苦钻研是学不会任何东西的。因此，这个男孩的哥哥很可能是养成了好习惯，在课堂上专心听讲，在学校就完成大部分功课，并把学校里的所见所闻都牢记在心了。只有那些在学校不专心听讲的孩子，回家后才不得不继续学习。

这个男孩和他哥哥相比，简直是判若云泥。我们面前的这个孩子不得不持续生活在一种压抑的感觉之中，他觉得自己的能力不如哥哥，自己的存在感也永远赶不上哥哥。或许数不清有多少次，每当母亲对他生气时，就会将两人对比，说他不如哥哥优秀；又或许哥哥也会经常叫他傻瓜、笨蛋。他母亲也说，当弟弟不听哥哥的话时，哥哥会经常踢他。现在，我们眼前的事实已经昭然若揭：这是一个认为自己的价值不如他人的人，他的生活经历似乎也证实了这一想法。同学们嘲笑他，他的功课一团糟，他说自己无法集中精力。每一个困难都令他望而却步。他的老师还会时不时地说他不属于这个班级或这所学校。因此毫不奇怪，这个孩子最后相信他所面临的困境都是无法避免的，也深信别人对他的看法是对的。一个孩子如此灰心丧气，以至于对他的未来彻底丧失了信心，这是件多么可悲的事。

我们很容易就看出这个男孩对自己失去了信心，倒不是因为我们在以轻松愉快的方式与他交谈时看到他浑身发抖、脸色苍白，而是因为我们注意到了一个小小的迹象，这种细节我们必须要留意。当我们问他多大了（其实我们知道他 12 岁了），他回答说："11岁。"大家千万不要以为这样的错误回答只是一种偶然，因为大多数孩子都准确地知道自己的年龄。有很多类似的情形可以佐证，孩子故意说错自己的年龄是有内在原因的。如果我们把这个男孩的生活经历与他对自己年龄的回答联系起来看，我们就会明白，他正在试图重新找回他的过去。他想回到那个他比现在更弱小、更需要帮助的过去。

根据手头已有的事实资料，我们可以重构这个男孩的人格体系。这个男孩没有意愿通过完成人生使命来获得救赎，而这些人生使命是每个他这个年龄的孩子都需要完成的。相反，他认为自己没有别的孩子那样成熟，他也无法与别人竞争，同时他也是根据这种观念行事的。认为自己没有别人成熟就表现在他会把自己的年龄往小了说。他现在回答自己 11 岁，也许在某些情况下，他的行为表现很可能就像 5 岁。他对自己的自卑如此深信不疑，以至于不论干什么事情，他都会试图调整自己的行为，使之符合他给自己假定的年龄。

现在这个男孩白天也会尿床，甚至不能控制自己的大便。如果一个儿童还在认为或还想认为自己依然是个婴儿，那么就会出现这些症状。这正好证实了我们的判断，这个男孩紧抓着他的过去不放，如果可能的话，他甚至想回到过去。

在这个男孩出生前，他家里有一位家庭女教师。她对这个男孩非常关爱，只要有机会，她就会代替孩子的母亲照看这个孩子，她是孩子心灵的依托。我们可以得出进一步的结论，因为我们已经知道这个男孩在过去是怎样生活的。我们知道他早上不想起床，以至于家人一说到他起床要花费的时间之长，就会满脸嫌弃的表情。我们的结论是，因为这个男孩不喜欢上学，所以早上就不想起床。他不能和同学友好相处，在学校里感到压抑，他不相信自己有能力完成任何事情，这样的孩子是不可能喜欢上学的。于是，他就不想按时起床去学校。

可是他的家庭女教师却说，这个男孩确实是想上学的。事实上，最近他生病的时候还在恳请家人允许他起床去上学。这又是怎么一回事呢？这与我们上述所言一点也不矛盾。我们需要先回答一个问题——这个家庭女教师为什么会错误地判断这个孩子愿意上学？其实答案很清楚，也很耐人寻味。当男孩生病时，他可以放心地说自己想去上学，因为他确切地知道家庭女教师肯定会说："不行，你生病了，不能去上学。"然而，他的家人看不透这表面上的自相矛盾，因而也就对这个孩子无计可施。我们也多次注意到，这个家庭女教师也没法理解这个男孩脑子里究竟在想些什么。

其实，导致父母把这个男孩带到我们诊所来咨询的直接原因是另一件事，即他从家庭女教师那里偷偷拿钱去买糖果。这种行为也意味着他的心理还是个小孩子，因为偷钱买糖吃是极其幼稚的行为，小孩子在馋糖吃的时候无法自控才会这样做，小孩子也无法控制自己的身体功能。这在心理学上的解读是："你们可要一直注视着我，否则我就要调皮捣蛋喽。"这个男孩总想支配家人，让家人都关注他，围着他转，因为他对自己缺乏信心。如果我们把这个男孩在家里和在学校的情况比较一下，就可以很清晰地看出其中的关联。在家里，他有办法指挥家人围着他转，但在学校他做不到。但是，又有谁曾经尝试过帮助这个孩子去纠正他的行为呢？

在这个男孩被送到我们诊所之前，人们一直认为他迟钝落后、能力低下。实际上，这个孩子根本就不是这样的。他是一个完全正常的孩子，只要能重拾信心，就能和其他同学一样有所作为。他总是倾向于悲观地看待一切，在做出哪怕是一点点微小的努力之前，就先举手投降了。每次举手投足之间他所展现的都是自信的缺失。老师给他的评语也证实着这些：注意力不集中、记忆力差、上课心不在焉、没有朋友等。他的灰心丧气表现得如此明显，不会有人注意不到。而他周边的处境对他如此不利，也使得他对自己的悲观看法很难改变，重拾信心谈何容易。

在填好我们的个体心理调查问卷之后，对这个男孩的心理诊疗随之开始。我们不仅和孩子谈话，而且要和很多相关人员谈话。首先是孩子的母亲，她认为这孩子没有什么希望，早就放弃他了，只想让他对付着上完学，将来能够找点事做就谢天谢地了。第二个谈话的是他哥哥，而他总是看不起弟弟。

当我们问这个男孩："你长大后想干什么？"他自然没能给出答

第十三章 教育方法的错误 **167**

案。这个回答应引起我们的特别注意。如果一个半大的孩子还真的不知道自己长大以后想干什么，那必定是可疑的。的确，人们小时候想的与他们长大后真正从事的职业未必完全吻合，但这没关系。因为这样的儿童至少是有打算的，这个对未来的打算会引领他们成长。孩子从很小的时候起就会想象自己将来的职业，有的想当汽车司机，有的想当看门人，有的想当售票员。一切他们看得见且对他们稚嫩的眼光有吸引力的职业都是他们的选项。但如果一个孩子对未来没有实质上的目标，那么我们就需要怀疑他是否不想面对未来，而想回到过去。换句话说，他是想逃避未来，以及与未来相关的一切问题。

这看上去与个体心理学的一个基本观点相矛盾。个体心理学一直强调儿童最基本的特点就是追求优越，我们也总在试图说明每个孩子都想展现自己，想比别人更强大，想有所作为。然而，突然间冒出一个正好相反的孩子，他不想长大，而想回到过去，想比别人弱小，想依赖别人的照顾。这又该如何解释呢？要知道，人类精神世界的活动并非是简单的、本能的，而是有着复杂的背景。如果我们面对复杂的背景得出了肤浅的结论，那肯定会犯错。看待所有复杂问题都需要一定的技巧，只有对事物有了全面、整体的把握，我们才能从一个事物中找出其矛盾的对立面来加以辩证分析，比如说这个男孩不想长大，他想回到过去，便朝着相反的方向努力，正是因为这样做才会让他显得最强大，他的地位才最安全，除非理解上述道理，否则就会对这个论断感到迷惑不解。事实上，这类孩子的做法是没有什么错的，仔细一想还挺有意思，因为正是在非常幼小、脆弱、无助，什么事情都无须自己做的时候，他们才是最强大的，或者说是最有支配力的。这些孩子缺乏信心，所以总害怕自己做不成任何事情。难道我们能指望这样的孩子愿意面对未来，愿意承担责任吗？面对未来意味着作为一个独立个体，去接受未来对他的意志和能力的考验。对于这些责任和考验，这个男孩一定会避之不及。于是，他的行为能力范围就变得越来越窄，只局限在那些他无需付出努力、无需承担责任的事情上。这样我们就能够明白，他不是不追求认可，而是他所追求的认可的目标只剩下一点点，就是他在特别年幼和无助的时候曾得到的那种认可。

我们不仅找了这个男孩的老师、母亲和哥哥谈话，还找了他的父亲以及我们的同事一起商讨，这一连串的会谈耗费了大量的精力。如果我们能把他的老师争取过来，得到其帮助，就可以节省很多时间。这不是不可能的事，但也并不容易做到。许多老师仍然固守着陈旧的方法和理念，他们认为心理咨询和心理治疗都属于异类。很多老师担心，心理治疗意味着他们教师权力的丧失。也有的老师认为心理治疗不但不靠谱，而且会干扰他们的正常教学。事实当然不是这样，这些看法是错误的。心理学是一门科学，而且不是一门能学了就会的科学，必须通过认真研究和深入实践才能真正掌握它。然而，如果一个人对心理学抱有错误的认识，那么对他来说心理学就没什么用处。

包容与开放是人的必要素质，对教师来说更是如此。尽管心理学的一些新鲜观点看上去与我们迄今为止所持的观点存在矛盾，但对这些新鲜观点保持一种开放的心态是明智的。鉴于目前的社会状况，我们还无权直接反驳老师们的旧有观念，那么又该如何处理这种困难局面呢？根据我们的经验，这种情况下，除了把孩子从目前的困境中解救出来，也就是说从现在的学校转学，没有别的出路。转学这种办法不会伤害到任何人。没有人会知道发生了什么，这个男孩却可以因此卸下沉重的心理负担。他可以进入一个完全陌生的新环境，从此也会谨慎行事，尽量不再让别人对他产生负面印象，不再让别人看不起自己。转学这件事情该如何安排，不是几句话能说清楚的。这与每个家庭的具体情况有很大关系，或许应根据每个个案的不同情况来处理。但可以肯定的是，如果有大量的老师精通个体心理学的知识，他们能够用理解的眼光看待这类问题，并能够帮助学校里面的儿童，那么这类问题解决起来就容易多了。

第十四章

对儿童父母的教育

正如我们多次指出的，本书是写给父母和老师的，父母和老师都可以从关于儿童精神生活的新见解中获益。在前面的分析讨论中，我们没有指出孩子的教育和培养应该以父母为主还是以老师为主，因为只要孩子得到了适当的教育，以谁为主并不那么重要。当然，我们这里所指的教育不是各学科知识的传授，而是学科课程之外的教育，即儿童人格的培养。人格培养是教育最重要的任务。当前，虽然家长和老师都可以在儿童的教育工作中贡献自己的力量——家长可以弥补学校教育的不足，老师可以弥补家庭教育的不足，但在大城市中，在现代的社会和经济条件下，大部分的教育责任还是落在了老师肩上。更何况，总体上来说，家长不像老师那样更易于接受新的思想，而且对老师而言，教育儿童也是他们的职业利益所在。因此，个体心理学主要把培养儿童为将来做好准备这一希望寄托在学校和老师的身上，寄托在他们能够转变观念之上。当然，家长的配合永远是受欢迎的。

　　在教育儿童的过程中，老师与家长不可避免地会发生矛盾和冲突。尤其当老师在纠正儿童的错误时，多多少少会涉及一些家长教育中的错误，那么冲突就更是无可避免了。

从某种意义上来说，纠正儿童的错误等同于在责备儿童的父母，儿童的父母往往也会有这种感觉。在这样的情况下，老师应该如何应对家长呢？

下面就来讨论这个问题。当然，这些讨论是从老师的角度出发的，因为老师需要把家长问题当作心理问题来处理。如果有儿童家长读到这些，请不要觉得被冒犯，因为我们所讨论的问题是针对那些不够明智的家长的，这类家长给老师带来的难题最多，他们才是老师最需要应对的。

许多老师说与问题儿童的父母打交道往往比与儿童本人打交道困难得多。这一事实表明，老师与家长打交道需要有一定的策略技巧才行。老师必须始终坚持这一立场，即孩子表现出来的不良品行并不都是因为父母的过错。父母毕竟不是经验丰富的职业教师，他们抚养孩子的方式通常也只能按照传统的那一套，没有其他选择。当家长因为孩子而被老师叫到学校时，他们往往感觉自己像是受到指控的罪犯。这种带着愧疚情绪来到学校的家长，尤其需要老师采取得体的方式应对。在这种情况下，最可取的做法是先缓和一下家长的情绪，让气氛变得轻松友好，然后多听听家长的说法，让家长觉得你是在帮助他们，并且也需要他们的善意理解。

即使理由再充分，我们也不应该责备家长。我们应该做的是与家长建立某种同盟，说服家长改变其态度，然后与我们一起，按照我们的方式去帮助孩子。如果能做到这点，我们就会取得更好的效果。指出家长过去对待孩子的错误是没有什么用的，我们要做的是设法让家长相信并接受新的培养儿童的方式。如果跟家长说你们这个错了、那个不对，只会冒犯到他们，让他们不愿意配合。一般来说，孩子变得顽劣不是在一天之内发生的，一定是日积月累的结果。家长来到学校，心里肯定会想，自己平时在教育孩子方面一定有什么疏忽之处。我们千万不能让他们觉得我们是这么想的，也千万不要以绝对或教条的方式跟家长讲话。永远不要以居高临下、命令式的态度给家长提建议。说话时应多使用例如"也许""大概率""很可能""你可以试试这样做"等字眼。即使我们知道家长错在哪里，也知道他们该如何改正，也不应直白地指出，好像我们在逼迫他们一样。毫无疑问，并非每个老师都具备这些沟通能力和技巧，而且这也不是一下子就能学会的。在美国政治家本杰明·富兰克林的自传中，我们看到了同样的观点，读来耐人寻味。富兰克林先生这样写道：

"曾经有一位贵格会（Quaker）[1]的朋友善意地提醒我说，很多人觉得我为人高傲自大，尤其是在与人交谈的时候常有这种表现。他说我与人讨论问题的时候不止满足于自己的观点正确，还要表现出一副盛气凌人的样子，甚至傲慢无礼。为了让我信服，他举出了好几个例子。虽然我身上其他缺点也不少，但从那以后，我下定决心改掉自己的这个毛病。于是，我将'谦逊'添加到自己的道德清单上，并赋予'谦逊'一词更广泛的意义。"

"现在，我虽不敢夸口说自己已经真正获得了谦逊这种美德，但

1　译者注：贵格会，又名教友会、公谊会，兴起于 17 世纪中期的英国，创立者为乔治·福克斯。"贵格"为英语 Quaker 一词之音译，意为颤抖者。

我已经努力做出了谦逊的样子。我给自己定下了这样的规矩：绝不正面反驳别人的观点，也不唯自己的观点独尊。政治圈的传统规则允许人们在表达观点时使用含有绝对意义的字眼，比如'肯定是''毫无疑问'等，而我甚至禁止自己这么做。相反，我使用'我是这样想的''我是这样理解的''我想可能是这样的''目前在我看来如此'这样的表达。如果我认为别人的看法是错的，这时我也能忍住，不贸然地反驳他，也不马上指出他看法的错误所在。在回答别人问题的时候，我首先会说'在某些情况或场合下，你的看法也许是对的，但是在目前这个问题上，或者在我看来，情况并非完全如此'等诸如此类的话。很快，我就发觉到改变说话方式带来的好处，我与他人的谈话进行得更加愉快了。我以谦虚态度提出的意见更容易被人接受，更少遭到反对。而且，如果我发现自己错了，也不至于下不了台，羞愧难当；如果我碰巧说对了，那我就更容易说服别人放弃他们的错误看法，转而支持我的看法。"

"刚开始装出这种谦逊的样子跟人说话时，我不得不强行压抑自己的天性。但久而久之，这种说话方式后来已成为我的习惯，运用起来轻松而自然。可以这样说，在过去的五十年里，也许从来没有人从我的口中听到过一句武断的话。有赖于这个习惯（当然，首先要归功于我正直诚实的品格），在我早些年提出一些对新制度的建议或提议对旧制度做出修改时，我的话在广大同胞中都很有分量。后来在我担任公共委员会委员时，也给委员会带来了很大的影响。其实我是一个不善言辞的人，也不会滔滔雄辩，遣词造句常常犹豫再三，语言表达也有不少错误，但我的观点却往往能被大家接受。"

"在现实中，在人类的所有自然情感中，或许没有哪一种情感比骄傲更让人难以克服。我们可以掩饰它、与它斗争、打败它、扼杀它，随心所欲地压制它，但它仍然活着，而且还会时不时地露出头来。或许你已经在我的上述经历中看到它了，因为，即使我认为自己已经彻底克服了骄傲，那我怎么还会为自己的谦逊而感到骄傲呢？"

　　诚然，富兰克林先生的上述看法也并不适用于生活中的所有情形，这既不能奢望也不可强求。不过，他的看法告诉我们，咄咄逼人地反驳他人是多么不适当，那只会徒劳无功。生活中没有适用于所有情况的所谓根本大法，所有规则都有其适用范围，超出范围，规则就会失效。在某些特定情形下，措辞强硬是唯一正确的选择。但是，如果我们能考虑到问题的一方是孩子的老师，另一方是已经为孩子的事操心不已、因孩子而蒙羞并做好再次蒙羞的准备的家长，再考虑到如果没有家长的配合我们将无法做成任何事，那么很显然，为了能帮助到有问题的孩子，富兰克林先生谦逊的沟通方式就是唯一合乎逻辑的选择。

　　在这种情况下，证明自己多么正确或者展示自己多么权威没有什么意义，问题的关键是我们一定要想好通过什么途径去帮助孩子，这自然不那么容易。有许多家长可能根本听不进去任何建议。他们只会感到惊讶、愤怒、不耐烦，乃至充满敌意，因为他们认为是老师把他们和他们的孩子置于这样一种难堪的境地。这样的家长通常已经在很长时间里对孩子身上的问题视而不见了，他们蒙蔽自己，回避现实，现在却突然被强迫睁开眼睛，面对现实。可想而知，在这种难堪的局面下，如果一个老师唐突或过于用力地跟家长说话，那么就根本没有机会赢得家长的支持与配合。有些家长甚至会跟老师大发雷霆，然后愤然离去。在这种情况下，老师应该向家长表明他们离不开家长的支持与配合。最好让他们先平复一下情绪，然后引导其心平气和地与老师交谈。不要忘记，家长往往都被过时的传统育儿方式所禁锢，不能期望他们一下子就能冲破束缚，解放自己。

比如，一个父亲严厉的语气和糟糕的表情早就使孩子的自信严重受挫，想想看十年之后，他又怎么可能会一下子转变，对孩子和颜悦色起来呢？其转变自然是非常困难的。必须指出，如果一个父亲突然改变了对孩子的整个态度，那么孩子一开始肯定不会相信这种改变是真诚的，他会认为这是父亲在耍诡计蒙骗他。他的信心需要从父母行为的转变中慢慢地恢复。即使受过高等教育的人也不例外，有一个中学校长，他持续不断的批评和挑剔已经快把儿子逼到了崩溃的边缘。这个校长在跟我们交谈之后意识到了自己的问题，可回家之后却又对儿子进行了一番严厉的训诫。他又一次因为儿子懒惰成性而大发脾气。每次儿子做了让他不高兴的事，他就大发脾气、恶言相向。一个身为教育者的中学校长尚且如此，我们可以想象，要让那些从小就在"孩子不打不成器"的传统教育模式下成长起来的家长改变，会是多么困难。因此，在与家长沟通交谈的过程中，一切外交辞令，所有语言策略，老师都尽可以拿来派上用场。

不要忘记，还有很多穷人家的孩子是在皮鞭棍棒的伴随下长大的。因此，来自这一阶层的孩子往往在学校被老师教育指正之后，回到家里还要面对父母的皮鞭教育。一想到老师的教育和努力极为频繁地因为糊涂父母的一顿皮鞭而化为泡影，我们都会感到悲哀。在这种情况下，孩子常常会因为同一个错误受到两次惩罚，而我们认为一次就足够了。

我们都知道这种双重惩罚有时会带来可怕的后果。就拿孩子必须把糟糕的成绩单带回家这件事来说，因为害怕因成绩不好而挨打，所以他不敢拿出来给父母看，又因害怕学校的惩罚，于是他要么逃学，要么在成绩单上伪造父母的签名。对这种事情，我们既不能视而不见，也不能掉以轻心，我们要结合孩子所处环境中的各种因素来考虑他的问题。我们必须自问几个问题：如果我现在就去找孩子谈话，会有什么结果？这样做会给孩子带来哪些影响？我有多大把握这样做会对孩子有好处？孩子已经具备足够的承受能力了吗？他能从中学到什么有建设性的东西吗？

我们知道儿童和成年人在面对困难时的反应有多么不同。在对儿童进行再教育的时候，必须慎之又慎。在试图改变一个儿童的生活模式之前，必须对结果的成功有适当的把握。在我们对儿童进行教育和再教育的时候，只有经过深思熟虑和客观判断，才能有更大的把握预判自己努力的结果。在教学工作中，实践和勇气是必不可少的，我们同样要坚持一个不可动摇的信念，即无论出现什么情况，总有能避免儿童滑向崩溃的办法。首先，有一个古老且公认的法则，那就是越早开始行动越好。如果你习惯于把一个人视为一个统一的整体，并把其症状视为这个整体的一部分，那么你就比那些习惯于抓住某一症状不放，并按照刻板僵化的方法来对待儿童的人，比如那些习惯于一看到儿童没有完成作业就立刻写信告知儿童父母的老师，能够更好地理解和帮助儿童。

在儿童教育领域，我们正在进入一个新理念、新方法和新认知不断涌现的时代，陈旧过时的习俗和传统正在被科学所摒弃。这些新知使教师肩上的责任更重了，但作为回报，它们也让教师对儿童问题有了更加深刻的了解，从而更有能力来帮助那些经过其手的孩子。重要的是我们要记住，脱离人的整体人格去看待某个孤立行为是没有意义的，只有把某一行为与人格的其他部分联系起来看待，我们才能真正理解这个行为。

个体心理调查问卷

本调查问卷由国际个体心理学家协会起草，供了解和治疗问题儿童使用。

1. 问题是从什么时候开始出现的？当孩子首次被发现有问题时，其精神和其他方面处于什么状况？

    以下的事件很重要，需要特别注意：外部环境的改变、开始上学、家中有弟弟妹妹出生、在学校学习不顺利、换新老师或换新学校、结交新的朋友、生病、父母离婚、父母再婚、父母去世等。

2. 在孩子出现问题之前，在孩子早年，其精神或身体上是否有虚弱无力、羞怯胆小、粗心大意、拘束内向、笨手笨脚、羡慕或猜忌别人以及吃饭、穿衣、洗脸、睡觉都需要大人帮忙等不寻常的情况？孩子是否害怕独处或害怕黑暗？孩子是否明白自己的性别角色？其第一性征、第二性征和第三性征的表现如何？孩子如何看待异性？孩子对自己的性别角色了解多少？孩子是继子女、私生子女、养子女或孤儿吗？其养父母待其如何？现在还有联系吗？孩子是在正常年龄段学会说话和走路的吗？学习说话和走路时有无困难？出牙正常吗？在阅读、画画、唱歌和游泳等方面是否存在明显的困难？孩子是否特别依恋自己的父亲、母亲、祖父母或保姆？

    我们必须确定孩子对周围环境的态度是否有敌意，并找到他自卑的根源；还必须确定孩子是否有回避困难的倾向，以及

是否表现出过于自我和过于敏感的人格特质。

3.　孩子经常惹是生非吗？他最怕什么事？最怕什么人？他在夜里哭叫吗？他尿床吗？他是否会对比自己弱小的孩子蛮横霸道？还是对比自己强大的孩子也同样蛮横霸道？他是否表示特别想和父母睡在同一张床上？他的行动是否笨手笨脚？他患过佝偻病吗？他的智力水平如何？他是否经常被人捉弄和嘲笑？他在头发、衣服、鞋子等个人打扮方面是否表现出爱慕虚荣？他有没有咬指甲或抠鼻子的习惯？他贪吃吗？

了解一个孩子在追求自己的目标时是勇往直前还是畏首畏尾，对我们会很有启发。我们还需知道是否是固执倔强的性格妨碍了他行动的意愿。

4.　孩子是否容易与人为友？他对人和动物是否都心怀善意？或者他是否以骚扰和折磨人或动物为乐？他是否喜欢收藏物品或囤积东西？他是否贪婪又吝啬？他喜欢领导别人吗？他有自我孤立的倾向吗？

这些问题可以让我们了解孩子"与人交往"的能力以及他的自信受损程度。

5.　针对上述所有问题，孩子目前的状况又如何呢？他在学校里表现如何？他喜欢学校吗？他上学会迟到吗？他在上学前会充满期待吗？还是上学前总赶时间，手忙脚乱？他会丢课本、丢书包、丢练习本吗？他对作业练习和在考试前会感到兴奋吗？他是否会忘记或拒绝做作业？他会浪费时间吗？他懒吗？他是否注意力不集中？是否扰乱课堂秩序？他如何看待老师？他对老师的态度是不满的、傲慢的还是无所谓的？他会主动请求别人在功课上帮助他，还是等着别人去找他？他在体操和体育方面是否有强烈的进取心？他是否认为自己相对而言没有什么特别的天分，还是认为自己极其平庸、完全没有天赋？他是否非常喜欢看书？他喜欢看哪一类的书？

这些问题可以帮助我们了解孩子为学校生活所做准备的状况，即"入学（新处境）测试"的结果，以及他面对困难时的态度。

6. 关于孩子家庭状况的确切信息。家人是否有生病、酗酒、犯罪倾向、神经症、身体虚弱、梅毒、癫痫，以及生活水平如何？家里有人去世吗？家人去世的时候，孩子几岁？孩子是孤儿吗？家里谁做主？家教是过于严厉挑剔还是过于溺爱纵容？家庭是否对孩子造成了不良影响，比如让孩子对生活感到恐惧？家人对孩子的日常监管情况如何？

从孩子在家庭中的地位和他的态度，我们可以判断出他对于家庭的印象和感受。

7.　孩子在家里排行老几？他是老大、老小、独子、唯一的男孩或是唯一的女孩？他是否与兄弟姐妹争抢不停、哭闹没够、幸灾乐祸，或随意贬损他人？

这些问题有助于我们研究孩子的性格，也有助于我们了解孩子对待他人的态度。

8.　孩子对将来的职业有没有什么想法？如何看待婚姻？家庭的其他成员都从事哪些职业？父母的婚姻生活状况如何？

从这些问题可以判断出孩子对未来是否充满勇气和信心。

9.　孩子最喜欢哪些游戏和故事？他最喜欢的历史人物和小说人物都是谁？他喜欢在其他孩子做游戏的时候捣乱吗？他的想象力如何？他是否会冷静地思考问题？他是否常沉溺于幻想之中？

这些问题可以让我们分析孩子在生活中是否有扮演英雄的倾向。如果孩子的行为表现正好相反，那么可以认为这是其失去自信、气馁沮丧的征兆。

10.　孩子的最早记事有哪些？印象深刻的梦或者经常会做的梦是什么，比如飞行、坠落、无力、误了火车、焦虑的梦？

通过这些问题，我们常常可以发现孩子的孤立封闭的倾向、需要留意的一些征兆、雄心勃勃的性格特质，以及对某些人

或乡村生活的偏爱等。

11. 孩子在哪些方面有气馁受挫的表现？他是否认为自己被忽视了？是否随时等着别人给予他关注和表扬？他有迷信的观念吗？他会回避困难吗？他是否尝试着做各种各样的事情，但最后都放弃了？他对自己的未来没有把握吗？他相信遗传会给自己带来不利的影响吗？他是否总会因为周围的事物而垂头丧气？他对人生的看法悲观吗？

对这些问题的回答将有助于我们判断这个孩子是否已经失去信心，走在了错误的成长道路上。

12. 孩子还有哪些小花招和坏习惯，比如做鬼脸、假装愚蠢、耍小孩子脾气、搞怪逗笑？

这些情况说明，孩子为了吸引别人的关注，也会表现出一点点的勇气。

13. 孩子是否有言语障碍？他的长相难看吗？脚部是否畸形？是否有八字脚或罗圈腿？身材是否矮小、发育不良、异常粗短或者异常瘦高？身材比例是否严重失调？眼睛和耳朵有先天畸形吗？智力迟钝吗？他是左利手吗？晚上睡觉打呼噜吗？他是否长相非常出众？

这些身体和外貌上的缺点，孩子往往会过于看重，并因此对

自己永远丧失信心。即使是那些长得非常好看的孩子，他们的成长过程也可能会出现问题，因为他们会沉迷于不劳而获。这样的孩子会失去许多培养和锻炼自己的机会，已至于不能为将来的生活做好准备。

14. 孩子是否经常说自己在学习、工作和生活上缺乏能力，没有天赋？他是否有过自杀的想法？他是否会一遇到挫折然后就会陷入困境？他是否会因一些小小的成绩而沾沾自喜？他的脾气是逆来顺受、倔强固执，还是桀骜不驯？

这些都是极端沮丧和气馁的表现，多见于无法摆脱困境的孩子身上。他的困境，一方面是由于他的努力没有结果，另一方面是由于他缺乏对周围人的了解。但他对优越的渴望总须在某个方面以某种形式得到满足，于是他就会转而寻找其他更容易实现的方面，也就是会避重就轻。

15. 说说孩子都有哪些值得一提的成功事例。

这些"正面表现"可以给我们非常重要的提示，因为这些成功的事例说明，孩子的兴趣、意愿和（为自己的学习、生活）所做的准备可能已经与之前的成长方向有所不同了。

通过以上这些问题的答案，我们就能对某个儿童的个性形成一个准确的印象。注意，不要以死板的方式或按一成不变的顺序提出这些问题，而要以建设性的、自然交谈的方式来提问。我们会发现，儿童身上的各种挫折和问题虽然未必都有合理的解释，但这些问题其实并未超出我们想象和理解的范围。对于这份调查问卷中揭示出来的问题，我们要以耐心和友善的态度给出解释和说明，而不要危言耸听。

附录二

五个典型案例及分析点评

案例一

这是一个男孩，15 岁，家中独子。父母辛勤工作，终于换来家庭小康。他们小心仔细地提供了这个男孩身体健康成长所必需的一切。这个男孩度过了一个健康快乐的幼年时期。男孩的母亲性格温和，但特别爱哭，在跟我们讲述她儿子的事情时也是边说边哭，费了很大劲。我们没见过男孩的父亲，但据母亲介绍，父亲诚实正直、精力充沛、爱家又自信。儿子小时候，一旦不听话，父亲就会说："只要我不把他打废了，那就没事。"父亲的这种"打骂"想法给孩子树立了一个坏榜样，他不去想办法教给孩子一些道理，而是儿子做了错事就皮鞭伺候。在这个男孩的童年早期，他的叛逆表现在他想扮演家里的主人，这种想法多见于被惯坏了的独生子身上。这个男孩很早就表现出了逆反倾向，并且养成了这样一个习惯，只要父亲不揍他，他就不听话。

这里我们先停一下，问个问题：那么，这个孩子会养成什么显著的人格特质呢？我们的答案一定是：撒谎。因为撒谎才能避免父亲的暴揍。这位母亲来找我们咨询，正是主要因为这个问题。今年孩子已经 15 岁了，父母永远也搞不懂他是在说谎还是在说实话。继续深入了解之后我们得知：这个孩子曾经在一所教会学校里上学，学校老师抱怨他不听话，扰乱课堂。例如，在老师没提问到他的时候，他就会大声回答；或者会为了打断老师讲课而突然提问；或者在课堂上大声和同学说话。他的家庭作业也写得非常潦草难辨。他有点左利手，右手写字不灵活。他变得无法无天，而且他只要想逃避父亲的惩罚，就会开始撒谎。父母起初还想让他继续上学，但过了不久就只好把他带回家，因为学校的老师实在对他无能为力了。

这个男孩很活泼，智力发育也没有问题，这点也得到了所有老师的认同。他小学毕业，参加中学入学考试时，母亲在考场外等他。考完出来，他告诉母亲说他能考过。一家人都很高兴，夏天还一起去了乡下度假。这孩子会经常说起上中学的事。后来学校开学了，这个男孩每天都会收拾好书包去上学，然后中午回家吃午饭。然而有一天，这位母亲与儿子同行了一段路，当她们一起过马路时，她突然听到旁边一个男人说："这不是那天早上给我指路去火车站的那个孩子嘛！"母亲问孩子，刚才那个男人的话是什么意思，那天早上他是不是没去上学。孩子回答说，那天早上学校10点就放学了，那个男人问路，他就带他走到了火车站。母亲对儿子的解释不太相信，后来就把这事告诉了孩子的父亲。父亲决定第二天陪儿子一起去上学。第二天，在上学的路上，父亲不断追问，结果得知这孩子没有通过中学入学考试，他从来就没有去上过中学，这些天一直都在大街上闲逛度日。

后来父母给这孩子请了家教，最后他还是考进了中学，但他的行为并未改变。他在课堂上依然不遵守秩序，甚至开始偷东西。有一天，他从母亲那里偷了一些钱，还矢口否认，直到说要把他交给警察他才承认。这个案例的后续发展令人惋惜，因为没人再想关心这个孩子了。曾经以为棍棒教育就可以改变儿子的这位自负的父亲，现在也认为儿子彻底没救了。这孩子的下场就是再没人跟他说一句话，也没人多看他一眼，父母也对他不闻不问，不打不骂了。

当被问到"孩子是从什么时候开始出现这个问题的"时，母亲答道："从出生就开始。"听到母亲这样回答，我们认为她是想说儿子的不良行为是天生的，因为父母用尽了一切办法纠正他，但都没有效果。

这个男孩在婴儿时期就躁动不安、日夜哭闹。然而，所有医生却都说他很正常、很健康。

这事可不像听起来那么简单。婴儿经常啼哭，这没有什么特别的。婴儿啼哭的原因有很多，尤其这个男孩是独子，又是头胎，他母亲也没有育儿经验。孩子尿湿了往往就会哭闹，但母亲未必能意识到这一点。这个男孩哭闹的时候，他母亲是怎样做的呢？她会把儿子抱在怀里，摇一摇，然后给他点东西喝。其实这个母亲应该做的就是找出孩子哭闹的真正原因，解决问题（给孩子换一块干爽的尿布），让孩子感到舒服，然后就可以不用再过多的关注他了。孩子自然会停止哭闹，也就不会从小养成一身的坏习惯了。

男孩的母亲说他学会说话和走路都不晚，也没有什么困难，牙齿发育也正常。他有个习惯，新玩具往往没玩几次就会被他毁坏，但这种表现并不一定意味着孩子的性格不好。倒是母亲的另外一句话引起了我们的注意："他做任何事情都不能专注。"这里我们必须提出一个问题，那就是一个母亲应该如何培养自己的孩子学会独自玩耍。只有一个方法，那就是必须给孩子自己玩耍的机会，大人不能不停地打扰他们。我们猜这位母亲没有这样做，而她自己说的一些话证实了我们的猜测。例如，儿子总是给她找很多事情做，总是黏着她等。这是孩子渴望得到母亲宠爱的最初尝试，这也是刻在这个孩子灵魂长卷最深处的铭文。

这个孩子从来没有自己单独待过。

男孩母亲这么说，显然是在为她自己辩护。

他从来没有自己单独待过。直到今天，他也不喜欢独处，即使是短短的一个小时。晚上他也从来没有单独待过，夜里睡觉也需要有人陪伴。

这表明这个男孩是多么严重地依恋他母亲，而他母亲又总是乐于让他依恋。

他以前从不知道什么叫害怕，现在也不知道。

这一说法似乎违反了心理学常识，因为这与我们了解到的孩子的情况不符。但在进一步的仔细分析之后，我们明白了：这个男孩从来没有单独待过，所以他从来没有必要感到害怕。对这种孩子来说，害怕是迫使别人陪伴他们的一种手段。所以这个孩子从来就没有机会知道什么是害怕，但只要让他独处一会儿，他一定会表现出害怕。下面我们再来看另一个看似矛盾的说法。

他非常害怕父亲的藤条。这不是正说明他知道害怕吗？**但挨了打之后他很快就会忘记，一切会照旧，被打得再狠也一样。**

这里我们不幸看出了孩子父母之间的强烈反差：母亲迁就溺爱，父亲强硬严厉。父亲总想扭转母亲对孩子的纵容，但其严酷管教只能把孩子越来越推向母亲那一边。也就是说，孩子会走向那个宠爱娇惯他的人，走向那个能让他轻而易举就如愿以偿的人。

6 岁时这孩子在教会学校上学，学校里管教他的老师都是牧师。从那时起，老师们就开始抱怨他的活泼好动、坐立不安和心不在焉。与功课相比，老师更多抱怨的是他的行为问题，其中被反映得最多的就是他坐立不安、调皮捣蛋。我们都知道，如果一个孩子想要引起别人的关注，最好的办法就是调皮捣蛋。这个孩子是想引起老师的注意。在家里，他已经养成了引起母亲注意的习惯。在学校这个更大的环境里，他也想引起这个更大群体中新成员的注意。但老师不理解这孩子为什么会这样，于是就会试图通过把他拎出来训斥一顿或惩戒一番的方式来纠正他的行为。这正让孩子得偿所愿，因为终于有人关注他了。只是换来关注的代价有点高，但他早已习以为常了。他在家里经常挨打，却仍没有改变，我们也就不要指望学校里的温和惩罚方式能让他改变了，这几乎就没有什么可能性。他能屈尊去上学就是想在学校成为关注的焦点，作为对自己在家失宠的一种补偿。

父母也曾经跟孩子讲道理，说上课时每个人都需要保持安静，这是为全班着想。当你听到这些老掉牙的训诫时，甚至会有点怀疑这对父母是否具有一些基本常识。对这种是非对错的大道理，孩子懂的一点也不比大人少。只不过，此刻他正忙于另外一件事，他在想如何才能引起别人的注意。在学校里温顺安静，不会得到注意；刻苦学习争取好成绩，会得到注意，但这条路太辛苦。一旦我们能意识到孩子给自己定下的这项任务，就再也不会将他的行为举止看作是什么难解之谜了。显然，父亲的藤条确实能让他安静一阵，但是母亲说，这男孩的父亲一走开，他就会一切如故。孩子的行为在一步一步地滑坡，鞭打和惩罚只能使之暂时中断，根本达不到彻底扭转方向的效果。

这孩子总是性情暴躁、喜怒无常。

想要吸引别人注意的孩子的明显做法就是表现得喜怒无常。我们知道，所谓的喜怒无常，只不过是人们为达到一定目的而采用的一种便捷手段，一种由背后的目标所决定的行为方式而已。比如，如果一个人只想静静地躺在沙发上休息，他就不需要表现得喜怒无常。喜怒无常的表现暗示着人们内心的某种想法，在这个案例中，它暗示的就是这个男孩想引起别人的关注。

这孩子还养成了把家里的东西偷拿到学校换钱，然后拿钱请客、招待同学的坏习惯。父母发现这个问题后，每天上学前都要搜他的身。他最终放弃了这种行为，仅限于跟同学打闹、开玩笑和捣乱了。是父亲的严厉惩罚，才让他不再偷拿家里的东西。

我们能够理解，他跟同学打闹和开玩笑就是渴望别人注意他，迫使老师惩罚他，好让他在学校的规章制度面前示威，以显示自己了不起。

后来，这孩子扰乱学校秩序的行为逐渐变得不那么频繁，但偶尔会故态重萌且变本加厉，这导致他最终被学校开除了。

这印证了我们之前所说的，在努力追求获得他人认可的过程中，这个男孩自然遇到了障碍，他自己也意识到了这些障碍。另外，考虑到他是个左利手，我们对他的内心就有了更多的了解。我们可以推断，虽然他想回避困难，但发现困难总是无处不在，然后自己又没有信心去解决。他对自己越没有信心，就越想证明自己值得被关注和认可。直到学校忍无可忍将他开除，他才停止捣乱。如果你认为学校不能允许一个害群之马扰乱其他学生学习的这个理由很充分，那么除了开除这个孩子，学校确实别无选择。不过，如果我们认为教育的目的是要纠正学生身上的各种缺点和毛病，那么开除学生就不是正确可取的做法。将这孩子开除回家使他更容易从母亲那里得到关注，他也无须像在学校里那样费劲地吸引别人的关注了。

还有一件值得注意的事。在一位老师的建议下，父母在假期把这孩子送到了一家机构。在那里，他受到了比学校更加严格的监督和管教，而这个尝试也以失败告终。父母仍然是他主要的监督者。这孩子每个星期天被允许回家一次，他对此还挺高兴的。不过，如果不让他回家，他也不会闷闷不乐。这点不难理解，孩子是在逞强，想装硬汉，他希望别人也这样看他。他在挨父亲打的时候都会忍着，一声不吭，不哭不喊；在其他事情上，不管事情令他多么难受，他也绝不会表现出一点不像男子汉的样子。

这孩子的学习成绩一直都不是特别差，一直有家教在辅导他。

由此可知，他不够独立。老师告诉父母，如果这孩子能安静下来，他一定能学得更好。我们也认为这个男孩是能学习的，因为除了弱智的孩子，所有孩子都能学习。

这孩子没有绘画天赋。

这一点很重要，因为我们可以从这句话推断出，他还没有完全克服右手的笨拙。

这孩子体育很好。他学游泳也很快，而且不怕危险。

这表明他并没有完全丧失勇气，只是一直把勇气用在了一些不那么重要的事情上，用在了那些他容易做到且准保能成功的事情上。

这孩子从来不会害羞，无论是跟学校的门卫还是校长，他见谁都会上去说个不停，尽管他被多次告诫不能鲁莽无礼。

我们已经知道，当被禁止做这做那的时候，他从来都听不进去，因此我们不能把他的不害羞当作是勇气的证明。我们知道，许多儿童都懂得要与老师和学校的管理人员保持一定距离。但这个男孩既然连父亲的鞭打都不害怕，自然也就不会害怕校长。跟陌生人鲁莽大胆讲话的目的，就是想突显自己的重要性。实际上，他还真达到了这一目的。

这孩子对自己的性别并无清晰认识，但他经常说自己不想成为一个女孩。

没有确切迹象表明他对自己性别的看法到底如何，但我们总能在这种性格顽劣的男孩身上发现贬低女孩的倾向。他们会看不起女孩，从中获得一种自身的优越感。

这孩子没有什么真正的朋友。

这点很好理解，因为其他孩子不会一直愿意听从他的指挥。

这孩子的父母还没有向他解释过有关性的事情。他的行为总是表现出强烈的控制欲。

我们费了很大的周折才弄清楚一些这男孩自己早就知道的真实情况。也就是说，他非常清楚自己想要的是什么，只不过他肯定还不知道自己无意识的目标与行为表现之间存在什么关联。他也还不明白这种强烈控制欲的程度有多高，其源头又在哪里。他想控制别人是因为看到父亲在控制家人，而他越想去控制别人实际上就会变得越软弱，因为控制就意味着依赖。他把自己的父亲作为榜样，然而父亲的那种控制是有节制的。换句话说，这孩子的雄心滋养了他的软弱。

这孩子总是想惹事，即使比他强大的人他也敢招惹。

不过，越强大的人其实越好对付，因为强大的人责任感往往很强，不会跟他一般见识。这男孩只有在可以放肆一下的时候，才会相信他自己。顺便说一句，要想戒除这种鲁莽放肆的行为并非易事，因为他对自己的学习能力没有信心，所以不得不用鲁莽放肆来掩盖自己的无能。

这孩子并不自私，反而还很慷慨。

如果你认为这是美德的标志，那么就很难解释他性格的其他方面了。我们知道，一个人可以通过慷慨大方来显示自己的优越。重要的是，我们要看透这种性格特质是如何与权力欲望联系在一起的。在他看来，慷慨大方的行为是一种人格的提升。这种通过慷慨大方来炫耀自己的招数，很有可能是从他父亲那里学来的。

他还是会制造很多麻烦。他最害怕的是父亲，其次是母亲。他从不赖床，也不是特别虚荣。

这与他的外在虚荣心无关，因为他的内在虚荣心已经过于强烈了。

他改掉了挖鼻孔的老毛病。他是个固执的孩子，对食物挑三拣四，不喜欢蔬菜和油腻食物。他并不是完全不爱交友，而是更喜欢与那些能听他指挥的伙伴为友。他非常喜欢动物和花草。

喜欢动物是追求优越的表现，也是支配欲的体现。喜欢动物当然无可厚非，因为这种爱好表达了一种与世间万物为友的善意。然而就这个男孩来说，我们发现他的这种爱好实则表达了一种支配的欲望，而且他总想找更多的事让母亲去做。

他表现出对领导力的强烈渴望，但是，他所渴望的毫无疑问不是才智上的领导力。他还养成了收藏的习惯，但由于没有足够耐心，收藏的爱好也半途而废了。

这种孩子的悲剧在于无论做什么事情都会半途而废，因为有始有终就意味着承担责任，而他们害怕承担责任。

总的来说，这孩子的行为从 10 岁以后有了一些进步。过去，让他待在家里是不可能的，因为他总是想到街上去逞能。这是家人付出了巨大努力才取得的进步。

事实上，把他限制在家中狭小空间内的做法正好迎合了他自我认可的强烈渴望。因此，这孩子在有限的空间内做了那么多调皮捣蛋的事情，也就没有什么值得奇怪的了。实际上，更应该把孩子放出去，让他到大街上去，当然大人要做好适当的监管。

当孩子放学回家，他也能打开书本写作业，不是总想着跑出去玩，但就是会磨磨蹭蹭、浪费时间。

如果我们把孩子限制在一个狭小的空间内，总让他感觉到是在别人的监督之下学习，那么他一定会走神分心、磨磨蹭蹭。必须给他参与活动的机会，即让他和其他孩子一起活动，以便他能在同伴中找到自己的角色与位置。

他以前很喜欢去上学。

这意味着以前的老师对他不太严厉，于是他能轻松地扮演强者。

他过去经常弄丢大部分课本。他不害怕考试，因为他总认为自己能把任何事情都做得出色。

这里，我们发现了一种相当普遍的人格特质——如果一个人无论在任何情况下都是乐观的，那么这恰好说明他对自己没有信心。这种人无疑是悲观主义者，但他们总是想尽办法与客观逻辑抗衡，在自己创造的梦想世界中寻求庇护，幻想着在那里可以获得一切。即使面对挫折和失败，他们也不会流露出半点的大惊小怪，显得异常淡定。这种人会沉溺于一种宿命感，这让他们看起来就像乐观主义者。

这孩子无法集中精神。有的老师喜欢他，有的则很不喜欢他。

不管怎么说，那些性情温和的老师们似乎都喜欢他的做派。他也很少给这些老师添乱，因为他们不会给他太困难的任务。像大多数被宠坏的孩子一样，他既没有集中精力的意愿，也没有集中精力的习惯。

在 6 岁之前，他觉得没有必要这样做，因为他的母亲照料着他的一切。生活中的一切都是预先安排好的，他仿佛被关在一个笼子里。只有遇到困难，他才会感到自己毫无准备。这孩子没有学会如何应对困难，他对别人也不感兴趣，所以无法与人合作。他既没有意愿，也没有自信来独自完成一些事情。他唯一的渴望就是突显自己，不需要任何努力就能出人头地。但是，他在学校干扰秩序的做法失败了，没能引起人们的关注，这使他的性格变得越来越差。

他总想轻而易举就得到一切，总想不劳而获，而且不顾别人。这已成为他生活的主要动机，这表现在他的所有具体行为之中，比如偷东西和撒谎。

在他生活风格的后面，推动着他的生活风格往前发展的错误是显而易见的。可以肯定的是，他母亲给他提供了一些发展其社会情感的动力，但无论是温和的母亲还是严厉的父亲，都始终未能把握好培养孩子社会情感的正确方向。这个孩子的社会情感局限在了他母亲一人身上。在母亲面前，他才觉得自己是关注的中心。

因此，他对优越的追求不再朝向对人生有益的一面，而是朝向了自己的虚荣心。为了把这孩子带回到对人生有益的方向，他的人格培养必须重新来过一遍，必须使他重拾信心，他才会乐意听我们的。同时，我们必须拓宽他的社会接触范围，并用这种方法来弥补母亲过去对这个独生子教育中的欠缺。这孩子还须与他的父亲和解。对他的教育也必须循序渐进，直到他能够做到像我们那样，理解他自己过去生活风格中的错误。只要他的兴趣点不再局限在一个人身上，他的独立性和勇气就会慢慢增强，他就会把自己对优越的追求指向对人生有益的方向。

案例二

这个案例是一个 10 岁的男孩。

学校反映，这孩子的学习成绩很差，落后同龄的孩子三个学期。

他才 10 岁，功课就落后别人三个学期，我们有点怀疑这孩子智力低下。

他现在上三年级，智商为 101。

这说明他的智力并没有什么问题。那么他学习落后的原因是什么呢？他为什么要在课堂上调皮捣蛋？我们发现，这孩子还有一定的努力劲头，也并不懒惰，但这些都浪费在了无益的方面。他也想发挥创意，想主动做事，想成为别人关注的中心，但他努力的方式错了。我们看到，这孩子总和学校对着干，他就像一个斗士，把学校当作自己的敌人。因此，我们也就可以理解他学习为什么会落后，因为对于这样一位斗士来说，学校里的各种规矩是难以忍受的。

他不太情愿服从命令。

这是明摆着的。他的行为并非是在瞎胡闹，换句话说，他的反叛行为都有其内在的道理。因为他是一个斗士，斗士不会服从别人的命令。

他和学校里的其他孩子打架，也会把玩具带到学校。

这说明在学校里，他想自己说了算。

他口算不太灵。

这说明他缺乏社会情感和与之相应的社会逻辑（参见第七章）。

他有言语障碍，每周上一次言语训练课。

这孩子的言语障碍并不是因为器质性的缺陷，而是他缺乏社会合作意识的一种表现。语言是人与人合作意愿的体现，个体借助语言与其他个体建立联系。在本案例中，这个男孩利用自己的言语缺陷作为他战斗的武器。难怪他并不希望自己的言语障碍得到矫正，因为如果言语障碍得以矫正，就意味着他将失去一个引人关注的法宝。

当老师和他说话时，他会左右摇摆身体。

这表明，他好像随时准备进攻。他不喜欢老师跟他说话，因为此时他不是大家关注的焦点。如果他乖乖听着老师跟他说话，就等于老师征服了他。

他的母亲（确切地说是他的继母，因为他的生母在他还是婴儿时就去世了）只是抱怨说，这孩子老是紧张兮兮的。

这种莫名其妙的紧张掩盖着他身上的诸多弊病。

在他小时候，有两位祖母把他带大。

有一个祖母就够呛了，更何况有两个。我们知道，祖母们通常会极力溺爱孩子。值得思考的是，她们为什么要这么做。这是我们的社会文化之错——没有给年长女性以相应的社会地位。她们在反抗社会的不公，她们希望得到应有的对待。在这一点上，她们是占理的。祖母们想要证明自己存在的价值，就会溺爱孩子并让孩子依恋她们。通过这种方式，她们维护了自己的权益，维护了自己的独立人格。

两个祖母，可想而知，她们之间的竞争会是多么激烈，每个祖母都想要证明这个孩子更喜欢自己。自然而然，在这场争夺孩子依恋的竞争中，最爽的就是孙子了。他发现自己简直就像在天堂一般，要啥有啥。他什么都不用做，只需一句"那个祖母给我这个东西了"，另一个祖母一定马上就会给他更多，以击败对手。在家里，这个孩子就是大家关注的中心。如此一来，博取大家的关注也就被这个孩子作为自己生活的目标。可现在到了学校，没有两个祖母，只有一个老师，还有许多其他孩子，再想成为关注的焦点，唯一的途径就是战斗，就是反叛。

这孩子和祖母们一起生活的时候，学习成绩就没有好过。

这表明他不适应学校生活，对此毫无准备。学校是对他与人合作能力的测试，而他并没有受过这方面的培养和锻炼。母亲是培养孩子合作能力的最佳人选。

这孩子的父亲是一年半之前再婚的，现在他与父亲和继母生活在一起。

显然，这种情况对孩子来说是一个困难的局面。每当孩子有了继母或继父之后，要么家里原有的问题会加重，要么会产生新的问题。继父母的问题是人类的传统问题，至今无解。家里有了继父或继母，最受苦的还是孩子。即使是最善良、最慈爱的人，作为继母，她照样会面临很多难题。继父母的问题并非完全无法解决，通过某种方式，这个问题还是可以得到一些缓解的。继母或继父不应把孩子对他们的接纳和认可看成理所当然的，他们应该做的是尽最大努力去争取孩子的认可。别忘了，这个家庭还有两位祖母呢，继母面临的局面可谓难上加难。

继母初到这个家时，也曾努力表现得亲切和蔼。她竭尽所能去赢得这个孩子的欢心。另外，这孩子还有一个哥哥，这又是个问题。

这个家里有两名斗士。可想而知，有了兄弟俩之间的激烈竞争，家里的日常争斗还能消停吗?

这孩子害怕他父亲,父亲管得住他,但他不听母亲的话。于是,母亲自己管不了孩子,往往就让父亲上。

这等于不打自招,表明这位母亲没有能力教育孩子,只好把这个工作转交给孩子的父亲。如果一个母亲总是跟孩子的父亲报告,说孩子做了什么事或者不肯做什么事,如果一个母亲总是用"我要告诉你父亲了"这句话来吓唬孩子,那么孩子就明白这个母亲没有能力管住他,她已经放弃了。所以,孩子会寻找各种机会和借口对母亲发号施令。在管教孩子时,母亲的这种说话态度和做事方式,其实也反映出母亲有自卑情结。

如果这孩子肯答应母亲,乖乖听话,母亲就会带他出去玩,给他买好东西。

这说明孩子母亲的处境很不容易。为什么这么说呢?因为有孩子的两个祖母作为对照,她就显得黯然失色,孩子们都认为祖母更重要。

祖母只是偶尔会来家里看看这孩子。

偶尔来家里待几个小时,逗逗孩子,这事谁都会做。但是,这短暂的逗留往往会因过分溺爱孩子而把他惯坏,然后把烂摊子留给母亲。

家里似乎没有一个人真正爱这个孩子。

看来,家人都不再喜欢他了。在溺爱娇惯之后,现在就连孩子的祖母们也不喜欢他了。

父亲常常会用鞭子抽这个孩子。

然而,鞭打无济于事。这孩子喜欢受表扬,如果受到了表扬,他就会心满意足,但他不知道如何通过正确的行为来赢得表扬。他喜欢无需付出努力就能得到老师表扬。

如果受到表扬，这孩子就会表现得更好。

所有想成为关注焦点的孩子都会这样。

老师不喜欢这孩子，因为他总是阴沉着脸。

板着脸是他最拿手的武器，因为他是一个斗士。

这孩子尿床。

这也是他想成为关注焦点的表现。只不过，他是通过尿床这种间接方式争取，而不是直接争取的。这孩子都用哪些花招间接地与母亲斗法，争取她的关注呢？那办法就多了，比如在半夜尿床，迫使母亲醒来；在夜里哭闹；晚上躺在床上看书，不睡觉；早上不起床；不好好吃饭。总之，他自有办法让母亲白天和晚上都围着他转。尿床和言语障碍是他对抗环境的两件利器。

母亲为了能让这孩子改掉尿床的毛病，夜里会叫醒他好几次。

这样一来，母亲在夜里又会有好几次和他在一起。因此，用这种办法，他也达到了目的，即获得了母亲的关注。

大部分其他孩子都不太喜欢这个男孩，因为他总想对别人发号施令，但有一些弱小的孩子会试图效仿他。

他性格软弱，缺乏自信，也不想鼓起勇气，发奋努力。学校里有一些弱小的孩子喜欢效仿他，因为他的那些行为也正是弱小者争取关注的好方式。

另一方面，这孩子也并不是真的不受大家欢迎，当老师把他的作业评选为班里最优秀的时候，其他孩子也会为他的进步感到高兴。

同学们为他的进步感到高兴，说明老师的工作做得非常到位。这个老师真正懂得如何培育孩子心中的合作精神。

这孩子喜欢和其他孩子一起在大街上玩球。

当他有把握知道自己会有成功表现，自己肯定能赢的时候，就会愿意与人交往。

最后，我们与孩子的母亲一道，就这孩子的情况进行了分析讨论。我们跟她讲明，她的处境很不容易，既要处理与孩子的关系，还要处理与孩子祖母之间的关系。我们还向她说明，这个孩子嫉妒他哥哥，总是担心在哥哥面前相形见绌。在诊所见面的整个过程中，尽管我们跟这个孩子讲这里的人都是他的朋友，但他一句话也不说。因为对他来说，开口说话意味着愿意与别人配合，而他心里想的是与人战斗，所以就憋着不说。他拒绝矫正自己的言语障碍，这也是一种缺乏社会情感的表现。

孩子的这种行为似乎令人惊讶，但事实上，在社会生活中，很多成年人也常常会这么做。一言不发，表示对抗。曾经有一对夫妇，两人发生了激烈争吵。丈夫大喊着对妻子说："你看，你看，现在你没话说了吧？"妻子回答："我不是没话说，我是不想说！"

这个男孩的情况也一样，他也是"不想说话"。咨询结束，我们告诉孩子他可以走了，但他却似乎还不想走，他的战斗情绪上来了。我们跟他说谈话已经结束了，他仍然不想离去。我们告诉他，下星期再和父亲一起来。

与此同时，我们对这孩子说："你一言不发是对的，因为你总是和别人唱反调。让你说话，你就不吭声；在课堂应该保持安静，你就大声讲话，扰乱课堂。你以为这样做很了不起。如果我们跟你说'不要讲话'，那么你就一定会开口说话。我们只需逗引你，反着来就行。"

很显然，还是有办法让这孩子开口说话的，因为他不得不回应我们上面的那番话。于是他开始说话，配合我们。然后我们就可以跟他解释他的状况，他也会认识到自己身上的错误。就这样，孩子的情况逐渐好转。

在这一点上，我们还应记住，如果这孩子不离开他所习惯的旧环境，他就不会有改变的动力。他的母亲、父亲、祖母、老师和同学都是他已习惯的旧环境，属于旧的生活模式。他对这些旧环境的看法已经难以改变。但当他来到心理诊所，面对的则是一个全新的环境。我们必须尽可能地使这个新环境与旧环境不同，越新鲜越好。在新处境下，他会更好地展显出那些在旧处境里养成的性格特质。这时，要跟这孩子说："你千万不可以说话！"这办法最管用。这孩子肯定会说："我就要说话！"这样一来，这孩子就不会觉察是有人想找他谈话，他也会放松戒备，不再故意憋着不说话了。

在诊所里，孩子们通常会面对一大群人，这会让他们感受颇深。这对孩子们来说就是新的处境，他们感受到自己不仅不再被局限在原来的小环境里，而且也有其他人对他们有兴趣，孩子们会觉得自己成为了这个大环境的一部分。所有这些都会让孩子们想更多地融入这个大环境，尤其是当他们被邀请下次再来的时候。孩子们也知道下次再来会发生什么，人们会问他们一些问题，关心他们过得如何等。根据每个孩子的具体情况，有的一周来一次，有的每天都来。在这里，我们会教他们如何与学校里的老师相处。孩子们都知道，这里不会有人指责、训斥或批评他们，对一切事情的讨论都像是打开窗户进行的。开窗讨论问题总是让人感受不同。如果一对夫妻正在吵架，其中有人把窗户打开，那么俩人的争吵就会立刻停止，局面也会立即发生转变。因为窗户一开，外人就会听到他们在吵架，没人想在外人面前表现出性格中不好的一面。这是解决问题的第一步。孩子们能来诊所就诊，就是第一步。

案例三

这个案例中的孩子 13 岁半,是家中的长子。

这孩子 11 岁的时候,智商测验得 140 分。

可以说,这个孩子非常聪明。

自从进入中学的第二学期,这孩子几乎就没有什么进步。

根据我们的经验,如果一个孩子自认为聪明,那么他常常会期待做事不用付出努力,结果就是这样的孩子会停止进步。例如,我们也发现,这样的孩子到了青春期会觉得自己比实际年龄更成熟。他们想证明自己不再是孩子了。他们越是想试图表现自己,在生活中就越是会遇到困难。然后,他们就会开始怀疑自己是否真的像自己一直以来认为的那样聪明。所以,跟一个孩子说他很聪明,或者告诉他他的智商是 140,这些做法都是不明智的。孩子永远不应该知道自己的智商,父母也永远不应该知道。一个聪明的孩子后来会遭受挫折,其原因也大都在于此,这是一个充满危险的情形。一个非常有雄心的孩子,如果不知道如何采取正确的途径获得成功,就会去寻找一条错误的路径。这些错误的路径有:变得神经质、自杀、犯罪、变得懒惰或浪费光阴、无所事事。儿童会有一百种借口为自己各种徒劳无益的行为做辩解。

这孩子最喜欢的科目是科学，愿意与比他年纪小的男孩交往。

我们知道，儿童喜欢与比自己更年幼的孩子在一起是为了让自己更轻松自在，为了显示自己的优越，为了指挥别人。如果儿童总喜欢和更小的孩子交往，这种迹象要引起警惕。当然，情况也不总是绝对的，有时候这种行为是在展示儿童身上的父性。不过，这其中还是隐含着不可取之处，因为展示父性就意味着要排斥与比自己年龄大的孩子交往。这种排斥是一种有意识的行为。

这孩子喜欢足球和棒球。

因此，我们可以推断，他肯定尤为擅长这两项体育运动。也许我们还会听说，他在某些方面很擅长，但对另外一些事物则完全不感兴趣。这意味着，只有对确信自己能成功的事情，他才会积极主动；对没有把握成功的事情，他就会拒绝参与。这当然不是正确的行为。

这孩子爱玩扑克牌。

这意味着他喜欢浪费时间。

看起来玩扑克牌干扰了他的正常作息，让他不能按时上床睡觉，也不能按时完成家庭作业。

现在我们来看看这背后真正的问题，其实所有问题都集中在同一点上：他无法在学习上取得进步，因此只好玩扑克牌消磨时间。

这孩子在婴儿时期一开始发育得比较缓慢，2 岁后发育得很快。

我们无法得知他为什么在 2 岁之前发育缓慢，可能是被过分溺爱宠坏了，他现在的行为表现就是一个被宠坏的孩子的样子。过分溺爱可以导致婴儿发育缓慢。我们看到，被过分溺爱的婴儿都不爱说话、不爱活动、不爱使用身体的各项机能，因为他们喜欢样样都依赖别人，因此也就得不到足够的刺激去发育。这孩子 2 岁之后之所以发育迅猛，唯一的解释就是身体受到了足够的发育刺激。可能也正是由于发育刺激足够强烈，才使得其智商过人。

这孩子最突出的性格特征，一是诚实，二是固执。

对我们来说，绝不能简单地看待诚实这一点。诚实固然很好，而且确实是一种优点，但我们不知道，他是否在利用自己的诚实来苛求别人。对他来说，诚实非常有可能是一项自我炫耀的资本。我们知道，这孩子喜欢领导别人、支配别人，而他的所谓诚实的特点可能正是他追求优越的一种表现。我们不能确定，一旦处境变得不再有利，这孩子是否还能继续保持他的诚实。至于他的固执的特点，我们发现，他真的很想自行其是，不喜欢听别人的指挥。

他经常欺负弟弟。

这一说法也证实了我们的判断。因为他总想领导别人，如果弟弟不服，他就会欺负弟弟。这种行为可不是什么诚实的表现，如果你真正了解这孩子，你会发现其实他是个爱撒谎的人。他也是一个爱吹牛的人，优越感溢于言表。这孩子所表现出来的无疑是一种优越情结，但这种优越情结清楚地表明，他的内心深处正在遭受自卑感的折磨。别人高看他，他就会因此看低自己；因为看低了自己，他就只能用吹牛来补偿自己。所以，过分表扬一个儿童是不明智的，因为这会让他误以为别人对他寄予厚望。当他发现难以满足别人的那些期望时，就会开始胆怯，开始畏缩。其后果就是他生活的主要任务就是想办法掩盖自己的无力感，不要被人看穿。因此，他就会经常欺负弟弟，诸如此类。这就是他的生活风格。他感觉不到自己有足够的力量和信心去独立、妥善地解决生活中的各种问题。因此，他沉溺于玩扑克牌以打发时光。当玩扑克牌时，就没有人能发现他的自卑。即使他的学习成绩不好，父母也会说成绩不好是因为他总在玩扑克牌，这样一来，他的自尊心和虚荣心就能得以保全。慢慢的，连他自己也会这么认为：没错，就是因为我老喜欢玩扑克牌，所以才成绩不好；要是不玩扑克牌，我的成绩就会变好，但是我还是喜欢玩扑克牌。于是他感到很满意，有一种心安理得的感觉，他觉得自己可以成为最好的学生，只是现在他还不想。只要这个男孩不明白自己的这种心理逻辑，他就能自欺欺人，把自卑感对自己、对外人隐藏起来。只要他还能一直隐藏这种自卑感，就不会做出任何改变。因此，我们必须以一种非常友好的方式，让他看清楚自己人格问题的根源所在，还要让他明白，他的行为表现也是那种总是不能鼓起勇气去做事的人的表现。他唯一有勇气去做的事就是掩盖自己的无力感和自卑感。为此，我们要像刚才所说的那样，以友好的方式帮助他，不断地鼓励、激励他。我们不要总是表扬他，也不要总在他面前提他的高智商，也许正是这种不断的提醒让他害怕自己不可能总会成功。我们都非常清楚，在人的一生中，智商并不是那么重要。所有合格的实验心理学家都知道，智商分数的高低只能反映出一个人在测验当时的情况。人生如此复杂多变，怎么可能通过一次智商测验就盖棺定论。高智商并不能保证一个孩子真的能够解决人生中的所有问题。

这个男孩真正的难处有两点，一是他缺乏社会情感，二是他的自卑感，必须向他解释清楚这两点。

案例四

这是一个 8 岁半的男孩。这个案例清楚地向我们展示了一个孩子是如何被宠坏的。很多罪犯和患了神经症的人，小时候都是被宠坏的孩子。我们这个时代最大的需要就是停止溺爱孩子，这并不是说我们不能再继续爱孩子了，而是说我们不能再继续纵容、溺爱孩子。我们应该像对待朋友和同辈一样，平等地对待孩子。这个案例很值得我们借鉴，因为它描述了一个被宠坏的孩子都有哪些特征。

目前的问题：这孩子在学校里每年都要留一级，8 岁半还在读 2 年级。

如果一个孩子上学伊始就不断留级重读，那么就需要怀疑他是否智力低下。我们在做诊疗和分析时要时刻牢记这一点。如果一个孩子刚入学时成绩很好，然后慢慢变差了，那么我们就可以排除智力低下的原因。

这孩子总学婴儿说话。

这表明，他想获得宠爱，于是就模仿婴儿说话。既然他认为模仿婴儿有利于自己，就意味着他的目的很明确，他心中有一个具体目标。因此，这孩子的行为是有意识的、理性的行为，这就排除了他智力低下的可能性。而他之所以不喜欢学校生活，那是因为事先没有做好心理准备。他无法适应学校，不能按照学校里的那套规范成长，就只好选择一个与学校环境对立和对抗的途径来表达自己的追求。当然，这种对立情绪的代价就是他年年都要留级。

这孩子从来不听他哥哥的话，还经常和哥哥激烈对抗。

由此我们得知，哥哥对他来说是眼中钉，肉中刺。而且我们可以继续推断，他哥哥一定是个好学生。他能和哥哥争夺别人关注的唯一途径就是走向哥哥的反面——学坏。于是他就会幻想，如果自己还是一个婴儿，就能抢走哥哥的风头，获得更多关注。

这孩子到 22 个月大才学会走路。

如果他一直到 22 个月大才学会走路，那么也许他患过佝偻病，也很可能是因为他一直被家人照顾着。在这 22 个月里，他的母亲可能对他一直寸步不离。我们可以看出，孩子身体上的缺陷是如何让母亲更多地关照孩子、宠爱孩子的。

这孩子很早就学会说话了。

现在我们可以肯定他的智力没有问题。智力低下的孩子学习说话往往很困难。

父亲对他很和蔼。

这表明他父亲也溺爱他。

他更喜欢母亲。家里有两个男孩，妈妈说哥哥很聪明。哥俩总是打架。

这是典型的一个家庭中兄弟姐妹之间的竞争行为。大多数家庭都会这样，尤其是老大和老二之间。但其实任何两个一起长大的孩子之间，都经常会发生竞争。这种情形在心理学上可以解释为：当第二个孩子出生后，第一个孩子感到被冷落了。我们前面已经说过（参见第八章），只有培养好孩子心理上的合作意识，才能避免出现这种情形。

这孩子算术不太好。

对被宠坏的孩子来说，学校里最困难的科目往往是算术。因为算术需要一定的社会逻辑，而这种孩子往往缺乏这方面的能力。

这孩子脑子肯定有问题。

这点我们倒没有发现。他做事并不糊涂。

母亲和老师都觉得这孩子有手淫的习惯。

他们可能猜对了，大多数孩子都会手淫。

孩子母亲说，这孩子眼睛下面老有黑眼圈。

有黑眼圈也不能肯定他手淫了，虽然人们普遍会这样怀疑。

这孩子很挑食。

我们再次看到，他总是在争取母亲的注意，就连吃饭的时间也不例外。

这孩子怕黑。

害怕黑暗也是被宠坏了的一个标志。

孩子母亲说，这孩子有很多朋友。

我们认为，这些朋友都是愿意听从他指挥的那一类。

这孩子对音乐很感兴趣。

如果你去观察一个爱好音乐的人，仔细看看他的耳朵，你会有所发现。人们发现对音乐敏感的人，他们耳朵的外形轮廓往往都长得饱满好看。当我们第一眼见这个男孩时，就确信他的耳朵长得很好，非常灵敏。耳朵灵敏可能会表现为喜欢和声，而且耳朵灵敏的人，也非常适合于接受音乐方面的培养。

这孩子喜欢唱歌，但他的耳朵有点问题。

对声音敏感的人，往往不太容易忍受我们嘈杂的生活。这种人也比一般人更容易患耳部感染。听觉器官的结构有遗传性，这就是为什么音乐天赋和耳朵问题会同时遗传给下一代。这个男孩耳朵有些问题，而他家人里面就有人非常精通音乐。

对这个男孩来说，正确的治疗方法就是培养他独立和自立的能力。目前他还不够自立，他认为母亲应该一直陪着他，寸步不离。他总是渴望什么事都有母亲的帮助，而母亲也巴不得随时给他这种帮助。从现在开始，我们应该放手，让他自由做事，自由犯错。因为只有这样，他才能学会自立。他还需要懂得，不要为了得到母亲的宠爱而与哥哥没完没了地争斗。现在的兄弟俩都觉得对方更受偏爱，因此彼此嫉妒。

另外，尤其必要的是要让这个男孩有足够的勇气去面对学校生活中的各种问题。因为，我们可以设想，如果他不继续去上学，情况将会变成什么样。从他走出校门的那一刻起，这孩子就会偏离正途，走向荒废。一开始他可能只是偶尔逃学，发展到最后，他就会干脆辍学，再然后离家出走，加入街上的帮派团伙。一分预防，胜过十分治疗。因此，现在就应帮助他适应学校生活，不能让他发展成为一个不良少年。对这个孩子来说，学校就是他现在面临的最关键的测试。他目前在学校所遇到的各种困难，都是由于他在社会情感方面准备不足导致的。这时候就需要学校让他重新鼓起勇气。不过，学校也有学校的问题，指望不上：也许班级里的孩子太多了，老师根本就顾不上他；也许他的老师也压根不懂得如何在心理上鼓励他，这就是事情的悲剧所在。如果这个男孩能遇上一个懂得如何鼓舞他、激励他的好老师，那么他就有救了。

案例五

这个案例是一个 10 岁的女孩。

因为这孩子在学习算术和写字上有困难，于是被学校转介到了心理诊所接受咨询和诊疗。

对娇生惯养的孩子来说，算术往往是一门难学的科目。但这并不是说娇生惯养的孩子就一定学不好算术。只是经验告诉我们，情况往往如此。

我们知道，左利手儿童在写字方面常常会遇到一些困难，因为他们习惯于从右往左看东西。结果在看书的时候，他们还是习惯于从右往左读。他们也能读得懂、写得对，只不过刚好与常人的方向相反。一般人不懂得，其实左利手儿童的这种阅读方式并没有什么不对的，只不过是方向与常人相反而已。人们往往只知道左利手儿童看书费劲，会简单粗暴地认为他们看书或写字的方式不对。因此我们猜测，这个女孩可能是个左利手，她在写字上有困难可能还有其他原因。我们还必须考虑到这样一种可能性——可能因为她刚从欧洲移民到纽约，对英语还不太熟悉。要是回到欧洲，我们就无须考虑这方面的因素了。

女孩过往经历的重点：他们家的大部分财产都在德国丧失了。

我们不知道他们一家是什么时候从德国移

民到美国的。这个女孩之前的生活可能富裕而美好，但现在这一切都戛然而止了。这种新处境对孩子来说就像一次测试。在这种新处境下，就可以看出她之前是否得到了足够的合作意识的培养，是否具有社会情感，是否具有足够的自信，还可以看出她是否能够忍受生活从富裕到清贫的转变。换句话说，能看出她是否具有合作意识。目前看来，她似乎缺少这种合作意识。

这孩子在德国时学习成绩还不错。她八岁时离开德国。

这是两年前的事了。

这孩子现在在学校里过得不是很顺利，因为英文拼写对她来说有困难。另外，这里算术的教法也与德国的不同。

对她的特殊问题，老师可能确实没有考虑到。

这孩子一直被母亲溺爱，非常依恋母亲。但她对父母的喜爱程度是一样的。

如果你问一个孩子他更喜欢谁，是母亲还是父亲，他们通常会说都一样喜欢。这个问题的标准回答是被大人们教出来的。如果真想知道孩子到底喜欢谁，一个好办法就是把孩子放在父母之间，当我们和父母交谈时，孩子就会靠向他更喜欢的那个人。同样，如果父母都在同一个房间，孩子进来后也会走向他最喜欢的那个人。

这孩子有几个同龄的女性朋友，但不多。早期记忆：八岁的时候，她和父母住在乡下，经常和小狗在草地上玩耍。那时他们家还有一辆四轮马车。

她一直不忘以前家里的富足生活，草地、小狗和四轮马车。这就像一个曾经的富人，总是在回想往日的富有，汽车、骏马、豪宅、佣人，等等。我们知道，这女孩对现在的生活不满意。

这孩子总会梦到圣诞节，梦到圣诞老人给她带来的礼物。

她的梦反映的是她清醒时的想法。她总想得到更多，因为她觉得自己失去了很多，想再次拥有过去的一切。

这孩子喜欢依偎着她的母亲。

这表明她缺乏勇气，也意味着她在学校里遇到了很多困难。我们跟她解释说，她确实面临着比其他孩子更多的困难，但她可以更加努力、更加自信，照样可以学得好。

她再次来到诊所，母亲还是没来。她在学校的情况有所好转，在家里也学会了独立做事。

因为我们给了她建议，要她学会独立，不要事事都依赖母亲，自己的事要自己做。

这孩子还为父亲做过早餐。

这说明她在培养自己的合作意识。

这孩子认为自己比以前更有勇气了。她在这次诊疗谈话中也显得更加轻松自在了。

我们让她再来一次诊所，并把母亲一起带来。

她又一次来到诊所，这回带着母亲。这是她母亲第一次来。母亲以前一直忙于工作，抽不出时间。据母亲讲，这女孩不是她亲生的，是收养的，那时这孩子才两岁。孩子至今还不知道自己是养女。在这孩子出生的头两年里，曾辗转寄居在 6 户不同的人家中。

这种经历真的很不幸。尤其出生的头两年，这女孩似乎吃了很多苦。因此我们面对的是这样一个孩子，她曾经被人嫌弃、无人关爱，后来有幸到了现在的养母家中，得到了她的良好照顾。于是，这孩子就希望这种美好的处境能永远存在，因为早年的痛苦经历在她的潜意识里留下了难以磨灭的印记。两年的时间足以让这孩子印象深刻。

当年母亲收养这女孩的时候就有人跟她讲必须对这孩子严加管教，因为她的家庭出身不好。

说这种话的人，看来深受遗传决定论观念的毒害。如果当年母亲真的对这孩子严加管教，而孩子最后还是变成了问题儿童，那么说那种话的人就会说："你们看，你们看，我说得没错吧！"这个人哪里知道，他才是罪人。

这女孩的生母是个坏女人。因而养母觉得正因为她不是自己亲生的，所以她对这个女孩负有更大的责任。她有时也会打这个女孩。

女孩的处境不像开始那么有利了。养母也不会一直溺爱她，有时候也会责打她。

这女孩的父亲很溺爱她，她想要什么就给什么。但这女孩对她的母亲则不同，如果她想要什么，她不会跟母亲说"请你给我"或"谢谢你给我"，反而会说"你不是我亲妈"。

要么是这孩子已经知道自己是被领养的，要么是碰巧说出了这么一句扎心的话。我们认识一个 20 岁的大男孩，他不相信自己现在的母亲是他的生母，然而他的父母却发誓说孩子绝不知情。很显然，这个大男孩是有了某种感觉。孩子往往能从一些细微之处发现问题，并做出判断。这个养母说："孩子不知道自己是被收养的。"有时候，孩子确实不知道，但他们能感觉得到。

这孩子只对母亲说"你不是我亲妈"这种无礼的话，但从不对她父亲说。

这是因为她父亲满足了她的一切愿望，她也就没有机会对父亲发火。

母亲无法理解孩子在新学校里所发生的这些改变。现在孩子学习

成绩不好，她就只会打孩子。

这可怜的孩子，在学校里拿到糟糕的成绩单就已经感到羞愧和自卑了，回到家后还要受到母亲的责打，这太过分了。学习成绩不好或家长的打骂，这两样东西对孩子们来说有一样就已经够要命的了，这种事情所有的老师都应当好好想想。老师们应该意识到，当她们把不好的成绩单交到孩子手中的那一刻，就是孩子回家将要面临更大麻烦的开始。聪明的老师不会把不好的成绩单让孩子带回家，因为她们知道那会成为母亲责打孩子的理由。

这孩子说她有时会忘乎所以，还大发脾气。在学校里她总是情绪亢奋，上课时也爱扰乱课堂。她认为自己必须永远第一。

我们可以理解，这是一个被父亲惯坏的独生女，她的一切愿望都能得到满足。我们也可以理解她为什么总喜欢成为第一。我们也知道，过去她们家在乡下，有田有地，生活富裕，她觉得她曾经拥有的一切有利条件都被夺走了。因此，她对优越的追求愈发强烈。但由于她没有找到追求优越的正常途径，于是就忘乎所以、乱发脾气、制造麻烦。

我们已跟她说明白，她必须学会与人合作。我们告诉她，她的亢奋和激动都是为了成为别人关注的焦点，乱发脾气也是一个让每个人都来注视她的借口。她在学校里不好好学习就是因为母亲对她的成绩不满意，她在和母亲对着干。

这孩子会梦到圣诞老人带给她许多礼物，醒来后却发现什么也没有。

这再一次表明，她总是想唤起那种拥有了想要的一切的感觉和情绪，然而"醒来后却发现什么也没有"。我们要重视这种情形背后的隐患。如果我们在梦中唤起了拥有一切的感觉和情绪，醒来后却发现什么也没有，那么自然会感到失望。但是，在梦中被唤醒的，只是那种与清醒之后的心态相一致的情绪。换句话说，做梦的情感目标不是唤起那种拥有一切的美妙的满足感，恰恰相反，做梦的情感目标是唤起失望的情绪。正是为了这个目标，人们才会做梦，直到目标实现，即失望的情绪被唤起。抑郁症患者会经常做各种美梦，梦醒之后却发现情况正好相反。我们可以看出，为什么这个女孩总想要体验失望的感觉。因为她觉得现在的日子难捱，想借机泄愤于她的母亲。她觉得自己一无所有，母亲什么也不给她。"她打我屁股，只有父亲肯给我东西。"

总结一下这个案例。我们可以看到，这个孩子总想让自己失望，这样她就可以泄愤于她的母亲。她正在与母亲抗争。如果我们想阻止这场斗争，就必须说服这孩子，让她明白她在家里的各种行为、各种梦境，以及她在学校的种种行为都出于同一种错误模式。她之所以采取了这种错误的生活风格，很大程度上是由于她移民来美国的时间不够长，英语也不够熟练。因此，我们必须让她相信，这些困难都是容易克服的。但她现在的行为，是故意把这些困难作为对付母亲的武器。我们还必须说服母亲，不要再打孩子了，以免再给孩子反抗她的理由。我们必须让孩子明白，"我上课不专心、忘乎所以、动不动就大发脾气，这都是因为我想和母亲对着干"。如果她能明白这一点，就会停止这些不良行为。否则，如果她不知道她在家里、学校以及梦境里的各种经历和体会都意味着什么，那么她的性格就不可能有任何改变。

通过本书以上的介绍，我们了解了个体心理学是什么——它是研究一个人如何对自身的经历和体会加以运用的。或者换句话说，个体心理学研究的是儿童的统觉体系（儿童的主动行为以及对外界刺激做出的被动响应，都是受其统觉体系支配的），研究的是儿童如何看待外界刺激、如何响应外界刺激，以及如何利用外界刺激来实现其个人目标的。

译后记

翻译完阿德勒的这本经典著作，译者有些话想与读者分享，主要是想说明一下翻译本书的初衷。

作为与弗洛伊德、荣格等同时代的著名心理学大师，阿德勒的思想影响深远。阿德勒的心理学思想在包括心理治疗和儿童教育在内的诸多领域发挥着重要作用。他的思想影响了许多重要的心理学家和精神分析学家，包括亚伯拉罕·马斯洛（Abraham Maslow）、卡尔·罗杰斯（Carl Rogers）、凯伦·霍尼（Karen Horney）、罗洛·梅（Rollo May）、埃瑞克·弗洛姆（Erich Fromm）、阿尔伯特·艾利斯（Albert Ellis）等。

但今天人们对阿德勒的了解似乎还不够多，国内对其著作的翻译出版也不够全面。在翻译本书之前，译者读过市面上的多个不同译本，学习收获之余，也多有疑惑之处，于是便找来德、英两种文字的版本书对照阅读（本书最初以德文出版），以求一探大师思想的原貌。

阅读之余不禁感叹，阿德勒的这部著作虽然写于近一个世纪之前，但今时今日读来，竟毫无时代的距离感与隔阂感！时代变迁，斗转星移，大师的思想却能穿越时空，直达人心。这说明，时空可以变换，但不变的是人性，是人类心底的那点儿小心思。

作为译者，我最主要的任务就是尽最大努力转达作者的本意，再现阿德勒儿童教育思想的原貌。但愿我的努力是有效的。

最后，感谢编辑老师的信任，感谢审稿老师的指教。没有她们的鼓励与帮助，本书是不可能完成的。

附言：阿德勒的个别观点或许在今天已不再成为主流，这点还请读者在阅读时明断。

译　者
2022 年秋，北京